実務家が陥りやすい
株式会社・各種法人別
清算手続の落とし穴

編集代表　**尾島 史賢**（弁護士・関西大学大学院法務研究科教授）

JN242150

新日本法規

は　し　が　き

　新型コロナウイルス感染症が「5類感染症」に移行され、社会情勢はコロナ禍前に戻りつつある。しかし、コロナ禍の最中に、中小企業は、消費税や社会保険料を中心に公租公課庁から「換価の猶予」を受けることに加え、金融機関から「新型コロナ特例リスケジュール」（いわゆる特例リスケ）や、新型コロナウイルス感染症対応資金としての実質無利子・実質無担保融資（いわゆるゼロゼロ融資）の金融支援を受けてきた。

　当然のことながら、社会情勢が正常化してくれば、公租公課庁や金融機関は、猶予してきた支払を中小企業に対して一気に求めていくことになる。

　このため、多くの中小企業が倒産予備軍として存在しているという異常事態になっている。

　中小企業が消費税や社会保険料を中心とする公租公課の負担に耐えられなくなると、スポンサー企業に事業を譲渡等し、その後は、破産手続等の法的整理手続を利用することになってしまう。しかし、中小企業の経営者がより早くスポンサー企業への事業譲渡等を決断し債務の整理（清算手続）を進める私的整理手続を利用すれば、中小企業へのダメージを最小限に食い止めることができる。この私的整理手続が今は隆盛である。

　筆者は、清算手続を首尾よく遂行することは中小企業の再生の第一歩であると考えている。すなわち、清算手続の先には中小企業の再生が待っているのである。

　株式会社をはじめとする各種法人別の清算手続については、令和4年に、株式会社・各種法人別の清算手続に関する「書式集」として、「株式会社・各種法人別　清算手続と書式」（新日本法規出版、2022）を出版した。同書は、コロナ禍にあえぐ中小企業が多かったからか、好評を博した。同書を手に取っていただいた読者に対し、ここに改めて感謝申し上げる次第である。

もっとも、同書は、「書式集」であったことから、清算手続に関して、「事例」をもとに理論的な内容に触れられていたわけではなかった。

　そこで、「書式集」に加えて、「実務家が陥りやすい清算手続の落とし穴」をまとめた書籍があれば適切な清算手続の遂行に役立つと考え、本書の執筆を企画した。

　本書は、「事例」「POINT」「誤認例」「本当は」「解説」で構成されている。本書の読者として、弁護士、司法書士、税理士等の専門家はもちろん、中小企業の総務・法務担当者が参照することを想定しているため、専門家にとっては初歩的なテーマについても「事例」を設定し、「解説」している。また、「POINT」「誤認例」「本当は」を読むだけで、間違いやすい実務上の例と正しい処理の内容がわかるよう工夫をしたつもりである。「解説」では、「事例」の結論に至るまでに関連する論点や実務上の取扱いについて解説しているが、より専門的な解説については、他の良書を参考にしていただきたい。

　なお、前記の「書式集」である「株式会社・各種法人別　清算手続と書式」に加えて、清算手続の実務的なマニュアルについては、筆者が編集代表の「株式会社・各種法人別　清算手続マニュアル―手続の選択から業種別の注意点まで―」（新日本法規出版、2019）を併せて参照いただきたい。

　最後に、本書の企画から出版に至るまで、新日本法規出版の中村佳代子さんには今回も大変お世話になった。この場を借りて感謝申し上げる次第である。

　コロナ禍を経て再生しようとしている中小企業が、落とし穴に陥る前にぜひ本書をお読みいただき、清算手続を遂行し、無事に再生を果たすことを切に願う次第である。

令和 6 年11月

　　　編集代表

　　　　弁護士・関西大学大学院法務研究科教授

　　　　尾　島　史　賢

編集・執筆者一覧

《編集代表》

弁護士・関西大学大学院法務研究科教授

尾島　史賢（尾島法律事務所）

《執筆者》（五十音順）

弁護士　太田　慎也（北浜法律事務所・外国法共同事業）

弁護士　岡田　良洋（弁護士法人　関西法律特許事務所）

弁護士　尾島　史賢（尾島法律事務所・関西大学大学院法務
　　　　　　　　　　研究科教授）

弁護士　河端　直（弁護士法人　なにわ共同法律事務所）

弁護士　北井　歩（弁護士法人　第一法律事務所）

公認会計士・税理士　金　鍾明（会計事務所　オーロコンサ
　　　　　　　　　　　　　　　　　　ルティング）

司法書士　田中　利和（田中利和司法書士事務所）

弁護士　徳山　慶太（共栄法律事務所）

弁護士　一津屋　香織（尾島法律事務所）

弁護士　山本　知広（尾島法律事務所）

弁護士　横枕　真哉（セイカ法律事務所）

略　語　表

<法令等の表記>

　根拠となる法令等の略記例及び略語は次のとおりです。

　会社法第478条第1項第1号＝会社478①一

　昭和45年2月20日環衛第25号＝昭45・2・20環衛25

会社	会社法	税理士	税理士法
会社規	会社法施行規則	租特	租税特別措置法
医師	医師法	破産	破産法
医師規	医師法施行規則	不登	不動産登記法
一般法人	一般社団法人及び一般財団法人に関する法律	弁護士	弁護士法
		法税	法人税法
一般法人登則	一般社団法人等登記規則	法税令	法人税法施行令
		法税規	法人税法施行規則
医療	医療法	墓地	墓地、埋葬等に関する法律
ＮＰＯ法	特定非営利活動促進法		
会社計算	会社計算規則	民	民法
会社非訟規	会社非訟事件等手続規則	民訴	民事訴訟法
		民訴費	民事訴訟費用等に関する法律
学教	学校教育法		
学教令	学校教育法施行令	療養担当則	保険医療機関及び保険医療養担当規則
学教規	学校教育法施行規則		
組登令	組合等登記令	労基	労働基準法
私学	私立学校法	労組	労働組合法
司書	司法書士法	労契	労働契約法
社福	社会福祉法	法基通	法人税基本通達
社福規	社会福祉法施行規則		
宗法	宗教法人法		
商	商法		
商登	商業登記法		
商登則	商業登記規則		

<判例の表記>

　根拠となる判例の略記例及び出典の略称は次のとおりです。

　大阪地方裁判所令和３年11月11日判決、金融・商事判例1638号41頁
　＝大阪地判令３・11・11金判1638・41

判時	判例時報	新聞	法律新聞
判タ	判例タイムズ	税資	税務訴訟資料
下民	下級裁判所民事裁判例集	民集	最高裁判所（大審院）民事判例集
金判	金融・商事判例		
金法	金融法務事情	民録	大審院民事判決録
訟月	訟務月報	労判	労働判例

目　次

第1章　株式会社の清算手続の落とし穴

第1　通常清算

3　清算事務の終了

第2　特別清算

3　清算事務の終了

第2章　各種法人別清算手続の落とし穴

第1　一般（公益）社団法人・一般（公益）財団法人

第2　医療法人

第3　社会福祉法人

第4　特定非営利活動法人（NPO法人）

第5　宗教法人

第 1 章

- -

株式会社の清算手続の落とし穴

2

第1　通常清算

＜概　説＞

1　株式会社・各種法人の清算手続

　株式会社・各種法人の清算手続においては、株式会社・各種法人を規定している会社法や一般社団法人及び一般財団法人に関する法律等の法令で定められた手続を経る必要があります。実際には、それまで運営していた事業を廃止するために、労働者の解雇及びそれに伴う社会保険等の諸手続、株式会社・各種法人をめぐる契約関係の解消、資産の換価、債務の弁済、許認可等の廃止等の諸手続を行う必要があるとともに、申告・納税その他の税務上の諸手続も必要となります。

　そのような過程を経て、通常清算手続では、出資者等に対して残余財産が分配されることになります（ただし、出資者等に対する残余財産の分配が制限される各種法人もありますので、注意が必要です。）(尾島史賢編『株式会社・各種法人別清算手続マニュアル―手続の選択から業種別の注意点まで―』(新日本法規出版、2019)、尾島史賢編『株式会社・各種法人別清算手続と書式』(新日本法規出版、2022) 参照)。

　また、株式会社が債務超過の場合には、会社法上の特別清算手続により、協定又は債権者との個別の和解に基づいて株式会社が保有する資産で債務を按分弁済し、残りの債務の免除を受けることになります。

　ここでは、株式会社における通常清算手続の流れを紹介します。

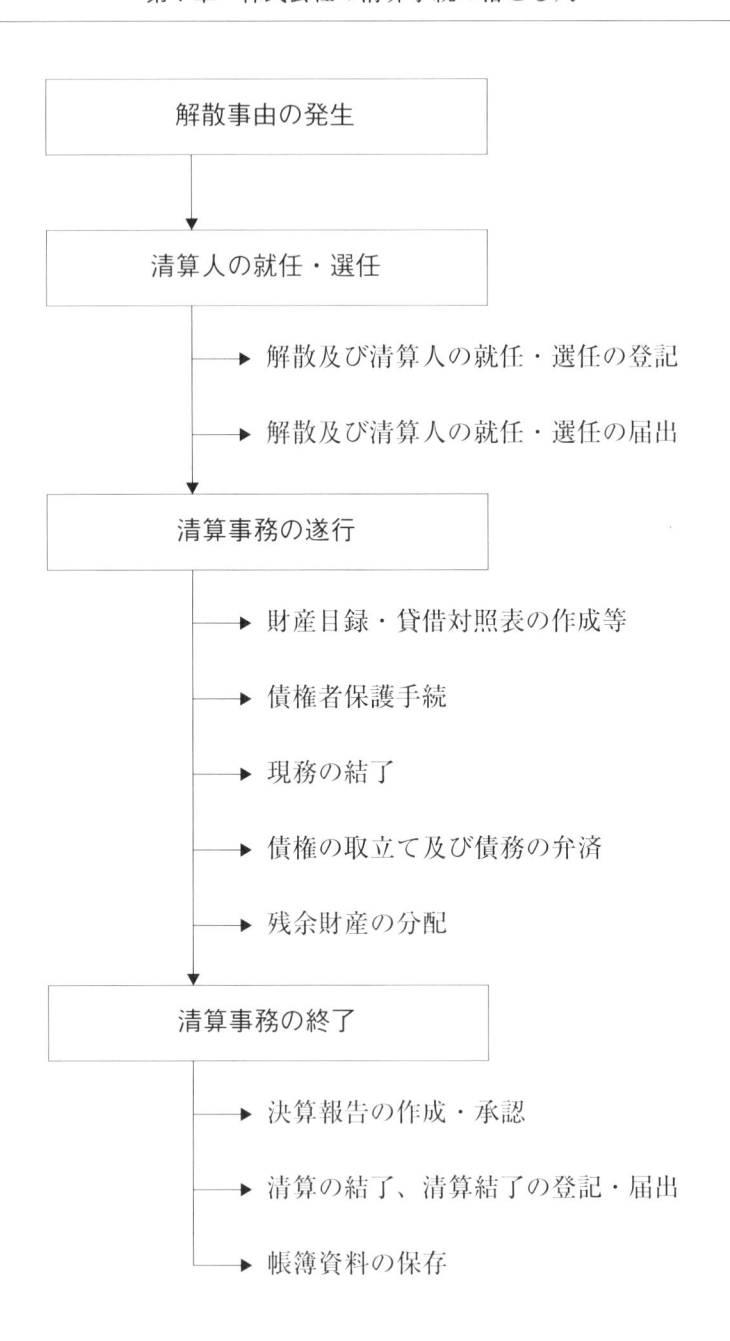

2　解散事由の発生

　株式会社の解散事由は、①定款で定めた存続期間の満了（会社471一）、②定款で定めた解散事由の発生（会社471二）、③株主総会の決議（会社471三）、④合併（合併により当該株式会社が消滅する場合に限ります。）（会社471四）、⑤破産手続開始の決定（会社471五）、⑥裁判所による解散命令又は解散の訴えによる解散を命ずる裁判（会社471六・824①・833①）とされています。

　このうち、④合併により消滅する場合は清算手続は不要であり、⑤破産手続開始の決定を受けた場合も破産手続により清算されるため、清算手続は必要ありません。

　株主総会の決議による場合、取締役会設置会社においては、まず取締役会を開催して、株主総会の日時及び場所、株主総会の目的である事項等を決定します（会社298④①）。一方、取締役会を設置していない株式会社においては、取締役がこれらの事項を決定します（会社298①）。

　次に、株主に対して株主総会の招集を通知し、株主総会を開催します。株主総会における解散の決議は特別決議である必要があります（会社309②十一・同柱書）。

3　清算人の就任・選任

　（1）　清算人の就任・選任

　会社法475条の規定により清算をする株式会社（以下「清算株式会社」といいます。）（会社476）の清算人には、定款で定める者又は株主総会の決議（普通決議）によって選任された者がある場合を除き、解散時の取締役が就任します（会社478①）。清算人の数は1人で足ります。2人以上の清算人を置くことも可能ですが、清算人会が設置されるのは定款で定めた場合に限られ（会社477①②）、解散前に取締役会設置会社であったとしても当然に清算人会が設置されるわけではありません。

ただし、監査役会を置く旨の定款の定めがある場合には清算人会を置かなければなりません（会社477③）。清算人会を設置する場合や監査役又は監査役会を設置しないこととする場合には、株主総会の決議（特別決議）による定款の変更（会社466・309②十一・同柱書）をする必要があります。なお、取締役又は株主が株主総会の目的である事項について提案をした場合において、当該提案につき議決権を行使することができる株主の全員が書面又は電磁的記録により同意の意思表示をしたときは、当該提案を可決する旨の株主総会の決議があったものとみなされます（会社319①）。

　清算人となる者がないときは、利害関係人（株主、債権者等）の申立てにより、裁判所が清算人を選任します（会社478②）。また、これにかかわらず、前記2⑥の事由によって解散したときは利害関係人若しくは法務大臣の申立てにより又は職権で（会社478③）、設立無効判決・株式移転無効判決が確定したときは利害関係人の申立てにより（会社478④）、裁判所が清算人を選任します。

（2）　解散及び清算人の就任・選任の登記

　清算人は、清算株式会社の本店の所在地において、解散の日から2週間以内に解散の登記（会社926、商登71）を、解散又は清算人の選任の日から2週間以内に清算人の登記（会社928①③、商登73）をします。

（3）　解散及び清算人の就任・選任の届出

　清算株式会社は、解散後遅滞なく、納税地の所轄税務署長に対し、解散及び清算人の就任・選任につき異動届出書を提出します（法税15）。地方税については各地方公共団体の定めに従い、都道府県税事務所及び市町村に廃業届を提出します。

　その他、許認可がある場合（建設業、宅地建物取引業、飲食業、旅館業、警備業、理容業、美容業、たばこ小売販売業、風俗営業、酒類

製造業、食料品製造業等）には所轄庁に届出等を行います。

4　清算事務の遂行

（1）　財産目録・貸借対照表の作成等

清算人は、その就任後遅滞なく、清算株式会社の財産の現況を調査し、清算の開始原因に該当することとなった日（通常は解散の日）における財産目録及び貸借対照表（以下「財産目録等」といいます。）を作成します（会社492①、会社規144・145）。その後、清算人は、財産目録等を株主総会に提出し、又は提供し、その承認を受ける必要があります（会社492③）。この株主総会の承認の決議は、普通決議で足ります（会社309①）。なお、清算人会設置会社においては、財産目録等は、清算人会の承認を受ける必要もあります（会社492②）。

清算株式会社は、清算事務年度（解散の日の翌日から1年間）ごとに貸借対照表及び事務報告並びにこれらの附属明細書を作成します（会社494①②、会社規146・147）。これらの書類について、監査役設置会社においては監査役の監査を受け（会社495①、会社規148）、清算人会設置会社においては清算人会の承認を受ける必要があります（会社495②）。貸借対照表及び事務報告については定時株主総会に提出し、又は提供し、貸借対照表についてはその承認（普通決議）を受け、事務報告の内容を定時株主総会に報告する必要があります（会社497）。

また、解散に伴って税務申告をする必要もあります。法人税については、解散により事業年度が終了しますので（解散事業年度）（法税14①一）、解散の日の翌日から2か月以内に確定申告をし、法人税を納付する必要があります（法税74①）。その後は1年ごとに清算事務年度の確定申告・納税をします。

（2）　債権者保護手続

清算株式会社は、清算の開始原因に該当することとなった後（通常

は解散後）、遅滞なく、当該清算株式会社の債権者に対し、一定の期間（この期間は2か月を下ることができません。）内にその債権を申し出るべき旨を官報に公告し、かつ、知れている債権者には、各別にこれを催告しなければなりません（会社499①）。なお、この公告には、当該債権者が当該期間内に申出をしないときは清算から除斥される旨を付記しなければなりません（会社499②）。

　知れている債権者とは、清算株式会社の帳簿その他により氏名・住所等が清算株式会社に知れている債権者をいい、債権額が確定していなくともよいとされ、知れている債権者に対する各別の催告を省略することはできません（落合誠一編『会社法コンメンタール12』269頁（商事法務、2009））。公告及び知れている債権者への各別の催告はそれぞれ1回で足ります。

　知れている債権者以外の債権者で、債権申出期間内に債権の申出をしなかった債権者は清算から除斥され、分配がされていない残余財産に対してのみ弁済を請求することができます（会社503②）。残余財産を株主の一部に分配していた場合、他の株主が同一の割合による分配を受けるために必要な財産は、弁済を請求することができる残余財産から控除されます（会社503③）。

　清算株式会社は、債権申出期間内は、債権者に対する債務の弁済が禁止されますが、債務不履行責任を免れるわけではありません（会社500①）。

（3）　現務の結了

　現務の結了とは、解散時に未了の状態にある現在の事務（現務）を整理し、終了させることをいいます（会社481一）。清算人は、清算株式会社が解散前から行ってきた事業を終了し、雇用関係や取引関係等を終了させることになりますが、できる限り円滑に現務を結了させるため、これらの関係を必ずしも即時に終了させる必要はありません。

　雇用関係の終了に伴い、各種社会保険（年金事務所（社会保険事務所）、公共職業安定所（ハローワーク）、労働基準監督署）について、離職に関する手続を行うとともに、解散（事業所を廃止）した旨を届け出る必要があります。

（4）　債権の取立て及び債務の弁済

　清算人は、清算事務として清算株式会社の財産を処分（資産を換価）し、債権を有している場合にはこれを回収します。

　清算人は、債権の取立て及び財産の処分（資産の換価）が終了し、前記（2）の債権申出期間が経過した後に全ての債権者に対して債務の弁済を行い、残余財産を確定させます（会社481二）。

　債権申出期間内は、債権者に対する債務の弁済が禁止されていますが、裁判所の許可を得て、少額の債権、清算株式会社の財産につき存する担保権によって担保される債権その他これを弁済しても他の債権者を害するおそれがない債権に係る債務（公租公課、登記申請費用、税務申告費用、清算事務費用等）の弁済をすることができます（会社500②）。

　通常清算では全ての債務を弁済する必要があります。債務超過となることが判明した場合には通常清算の手続を結了することはできず、特別清算（会社510以下）又は破産の申立て（会社484①）を検討しなければなりません。

（5）　残余財産の分配

　清算人は、清算株式会社をして全ての債務を弁済した後、残余財産がある場合には、清算人の決定（清算人会設置会社にあっては、清算人会の決議）により、株式の種類・数に応じて株主に対して残余財産を分配します（会社481三・504①）。2種類以上の株式が発行されている場合、その種類に応じた事項を定めることができます（会社504②）。一定の数未満の数の株式しか有しない株主に残余財産の割当てをしない

ことを定めた場合でも、当該株主の持株数に応じた金銭を支払う必要があります（会社506）。

　清算株式会社は金銭以外の財産（現物）を分配することも可能ですが、株主はこれに対して当該財産（現物）に相当する金銭の分配を請求することができます（金銭分配請求権）（会社505①）。当該財産（現物）を分配する場合には、清算株式会社は、金銭分配請求権の行使期間の末日の20日前までに、株主に対し、通知をする必要があります（会社505②）。

5　清算事務の終了

（1）　決算報告の作成・承認

　清算株式会社は、清算事務が終了したときは、遅滞なく、決算報告を作成し（会社507①）、清算人は、これを株主総会に提出し、又は提供し、その承認を受けなければなりません（会社507③）。清算人会設置会社においては、決算報告は、清算人会の承認を受ける必要があります（会社507②）。この株主総会における決算報告の承認の決議は、普通決議で足ります（会社309①）。

（2）　清算の結了、清算結了の登記・届出

　清算が結了したときは、清算株式会社は、株主総会における決算報告の承認の日から2週間以内に、清算株式会社の本店の所在地において、清算結了の登記をします（会社929一、商登75）。

　また、清算株式会社は、遅滞なく、所轄税務署長に清算の結了に関する異動届出書を提出します（法税20、法税令18）。

　なお、決算報告が株主総会で承認されると、任務を怠ったことによる清算人の損害賠償の責任は、免除されたものとみなされます。ただし、清算人の職務の執行に関し不正の行為があったときは、この限りではありません（会社507④）。

（3）　帳簿資料の保存

　清算人は、清算株式会社の本店の所在地における清算結了の登記の時から10年間、清算株式会社の帳簿並びにその事業及び清算に関する重要な資料を保存しなければなりません（会社508①）。保存費用は清算手続中に確保しておきます。なお、利害関係人は、清算人に代わって帳簿資料を保存する者の選任を申し立てることができ、当該選任手続に関する費用は清算株式会社が負担します（会社508②④）。

1　解散手続

（取締役会）

【1】　取締役が欠員のままでも清算手続を進められる！？

　株式会社A（以下「A社」という。）は、今まで行っていた事業の継続を断念し、株主総会の決議を経て、解散することとなった。

　A社は、定款所定の取締役の員数（3人）を欠いている状態であるが、株主総会の決議により解散することができるので、取締役に欠員がある状態のままでも清算手続を進めることはできるか。

POINT

- ・株主総会の決議によって株式会社を解散する場合には、当該解散の決議を行う株主総会を適式・適法に開催する必要がある
- ・取締役に欠員があり、取締役の過半数の同意を得られない場合や取締役会の決議を成立させられない場合には、株主総会の招集手続を適式・適法に行うことができず、株主総会を適法に成立させることができないこととなる
- ・全員出席総会等により適法に株主総会を成立させることができる場合は別であるが、それができない場合には、裁判所に仮取締役の選任を求めた上で、取締役の過半数の同意を得るか、又は、株主総会の招集に係る取締役会の決議を適法に成立させることで株主総会の

招集手続を行い、当該株主総会において解散の決議を行う必要がある

| 誤認例 | 定款所定の取締役の員数を欠いていたとしても、株主総会の決議を成立させることができるから、株式会社を解散し清算手続を進めることはできる。 |

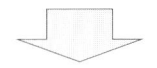

| 本当は | 定款所定の取締役の員数を欠いている場合には、適式・適法に株主総会の招集手続を行うことができない。全員出席総会等の方法で株主総会を成立させることができない限り、取締役の過半数の同意を得るか、又は、株主総会の招集に係る取締役会の決議を適法に成立させることが必要になるため、仮取締役の選任を裁判所に求めることになる。 |

解　説

1　株式会社の解散事由

　株式会社を清算するためには当該株式会社が適法に解散していることが必要ですが（会社475一）、株式会社の解散事由は、会社法上、①定款で定めた存続期間の満了、②定款で定めた解散事由の発生、③株主総会の決議、④合併（合併により当該株式会社が消滅する場合に限ります。）、⑤破産手続開始の決定、⑥裁判所から解散命令又は解散判決を受けたとき、と定められています（会社471）。

　定款で存続期間や解散事由を定めていることは多くないでしょうか

ら、株式会社を解散して清算するためには、通常、株主総会において
当該株式会社の解散を決議する必要があり、株主総会の決議（特別決
議）を成立させる必要があります（会社471三・309②十一）。

2　株主総会を開催するための招集手続の必要性

　株主総会を成立させるためには、会社法で定められた招集手続を経
る必要があります。

　すなわち、取締役又は取締役会において株主総会の日時及び場所、
株主総会の目的である事項（議題）を決定し（会社298①各号・④）、株主
総会の日の2週間前（公開会社でない株式会社にあっては1週間前。
取締役会設置会社以外の株式会社で定款の定めがある場合には更に短
縮可）までに、株主に対して招集の通知を発する必要があります（会社
299①）。また、取締役会設置会社においては、この招集の通知は書面
による必要があります（会社299②二）。

　株主総会を開催して決議を成立させるためには、招集手続を経ない
ことにつき株主の全員の同意があるとき（会社300）や株主が1人だけ
である場合を除き、前記の会社法が定める招集手続が必要です。

3　取締役に欠員がある場合の留意点

　取締役に欠員があって、そのまま放置されている株式会社において
は、当該株式会社を解散しようと思っても、解散に係る株主総会の決
議を成立させるため、適式・適法に招集手続を行い得るかに留意が必
要です。

　すなわち、取締役会設置会社においては、取締役会の決議をもって
招集事項（会社298①各号）を決定することができない場合には、前記2
の会社法が定める招集手続を行うことができません。

　取締役会設置会社でなくとも、定款所定の取締役の員数が複数名で

ある場合には、株式会社の業務は、定款に別段の定めがある場合を除いて、取締役の過半数をもって決定する必要がありますので（会社348②）、過半数の同意が得られない場合には、適式・適法に前記2の会社法が定める招集手続を行うことができません。

これらの場合には、裁判所に対して仮取締役の選任を申し立て、株主総会の招集に関する取締役会の決議（取締役の過半数の同意）を得られるようにする必要が生じます。

4　結　論

A社が定款で存続期間や解散事由を定めていない場合には、解散のために株主総会の決議を成立させる必要があります。株主の全員の同意があるとき（会社300）や株主が1人だけである場合を除き、会社法所定の招集手続が必要となります。

取締役に欠員があって、取締役会設置会社において取締役会の決議を成立させられない場合、取締役会非設置会社においても取締役の過半数の同意が得られない場合には、これらの問題を解決するため、仮取締役の選任の申立てを検討すべきです。

【2】　代表取締役が死亡したときでも、従業員が清算手続をすることができる！？

　株式会社Ａ（以下「Ａ社」という。）は取締役会設置会社であり、定款で取締役の員数を３人以上と定めていた。Ａ社の代表取締役はＸであり、Ｘ以外に２人の取締役が選任されていた。Ｘは、Ａ社の唯一の株主でもあった。ところが、Ｘが病気で突然死亡した。

　Ｘ以外の取締役はＡ社の事業には全く関与しておらず、これまではＡ社の従業員ＢがＸと二人三脚でＡ社の業務を遂行してきた。このため、ＸがいなくともＢのみでＡ社の業務全般につき滞りなく実施することができる状況にあった。もっとも、Ｂは、Ｘから、「自分が死亡したことで取引先に迷惑をかけることだけはしたくない。余裕のあるうちに、Ａ社は清算してほしい。」という希望を生前に伝えられていた。

　Ｂは、Ｘに代わって、Ａ社の清算手続をすることができるか。

POINT	・唯一の株主兼代表取締役が死亡し、取締役の員数を欠くことになったときには、死亡した株主の保有する株式を相続した相続人が株主として株主総会を開催することになるため、相続人が相続をするか、相続の放棄をするか確認する
	・相続人が株主の保有する株式を相続したときは、株主として株主総会を開催した上で、新たに取締役を選任し、取締役会において代表取締役を選定することになる
	・全ての相続人が相続の放棄をしたときは、相続人不存在となるので相続財産清算人を選任することになる

| 誤認例 | 従業員が、死亡した代表取締役に代わって株式会社の清算手続をすることができる。 |

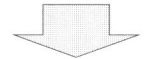

| 本当は | 死亡した株主の保有する株式を相続した相続人が株主として株主総会を開催した上で、新たに取締役を選任し、取締役会において代表取締役を選定することになるため、従業員の立場で清算手続をすることができない。 |

解　説

1　代表取締役の死亡

　株式会社を清算するためには、通常、代表取締役が取締役会の決議に基づいて、解散の決議をするための株主総会の招集をした上で（会社296③）、株主総会において解散の決議（会社471三）をすることになります。

　代表取締役が死亡したときでも、定款で定めた員数以上の取締役が存在する場合には、取締役会を開催して新たな代表取締役を選定できます。なお、死亡した代表取締役が唯一の株主であった場合には、株主も不存在であることになりますが、定款で定めた員数以上の取締役が存在し、取締役の任期が残っている場合には、その任期が終了するまでは、取締役の選任だけを目的とした臨時株主総会を開催する必要はありません。

　一方で、代表取締役の死亡により取締役が定款で定めた員数を欠くことになった場合（例えば、取締役会設置会社で、定款で取締役の員数を3人以上としていたところ、取締役の員数が3人未満となった場

合）には、株主総会を開催して、不足している員数の取締役を選任する必要があります。

2　唯一の株主の死亡

　唯一の株主が死亡した場合には、当該株式を死亡した株主の相続人が相続するか、相続の放棄をするかによって対応が異なります。

　当該株式を死亡した株主の相続人が相続する場合には、唯一の株主としての地位が当該相続人に承継されますので、株主総会を開催して不足している員数の取締役を選任することになります。一方で、死亡した株主の全ての相続人が相続の放棄をした場合には、相続人不存在になりますので、相続財産清算人を選任しなければなりません。もっとも、相続財産清算人の選任までには相当の期間を要しますので、その間、当該会社の業務を誰が遂行するかについては微妙な問題を含むことになります。

3　結　論

　Bが、死亡したXに代わってA社の清算手続をすることはできません。

　A社は、Xが死亡していますので、株式会社の業務全般を司る地位にある者が不存在であることになります。

　A社は、取締役会設置会社で、取締役の員数が3人であるため、Xの死亡により取締役の員数が不足することになります。この場合には、株主総会を開催して新たな取締役を選任し、取締役会において新たな代表取締役を選定することになります。

　なお、A社が取締役会非設置会社であり、取締役会非設置会社の定款で取締役の員数を1人以上としている場合には、死亡した代表取締役以外に取締役がいれば、その者が代表取締役になります（複数人い

る場合には、これらの者の決議によって代表取締役が選定されます。)。

　本事例では、Xは、唯一の株主でもあるとのことですので、Xの相続人がA社の株式を相続するか、相続の放棄をするか確認する必要があります。

　Xの相続人がA社の株式を相続したときは、株主として株主総会を開催した上で、新たに取締役を選任し、取締役会において代表取締役を選定することになり、一方で、Xの全ての相続人が相続の放棄をしたときは、相続人不存在となるので相続財産清算人を選任することになります。

　Xの相続人が、相続の放棄をするかどうかについて熟慮するための期間として3か月を要しますので (民915①)、その間、A社の業務を誰が遂行するか、業務の遂行を停止するかについては難しい問題があります。加えて、Xの全ての相続人が相続の放棄をした結果、相続人不存在の場合には、相続財産清算人を選任することになり、選任されるまで更に数か月を要することが想定されますので、この間、A社の業務を誰が遂行するか、業務の遂行を停止するかについては、同様に、難しい問題があります。

（株主総会）

【3】 株主の所在が分からない場合には、解散することができない！？

　株式会社Ａ（以下「Ａ社」という。）の代表取締役Ｘは、自らが高齢になったことに伴い、Ａ社を解散することを考えている。

　Ａ社の株式は、Ｘが34％を保有しているほか、Ｂ及びＣがそれぞれ33％ずつ保有している。Ａ社は、毎年株主総会を開催しており、株主名簿に記載された各株主の住所にあてて招集通知を発しているものの、Ｂ及びＣに対する招集通知は、ここ５年にわたって、「あて所尋ね当たらず」で返送されている状況である。なお、Ａ社では、５年以上にわたって配当を実施していない。

　このような状況下において、Ａ社は解散することができるか。

POINT	・株主総会の招集通知は、株主名簿に記載し、又は記録した株主の住所にあてて発すれば足りる
	・株式会社が株主に対してする通知又は催告が５年以上継続して到達しない場合には、当該株主に対する通知又は催告をすることを要しない
	・株主に対して通知又は催告を要しない場合、かつ、継続して５年間剰余金の配当を受領していない場合には、当該所在不明株主が保有する株式を、①競売すること、②市場価格のある株式については市場価格で、市場価格のない株式については裁判所の許可を得て競売以外の方法により売却すること、③株式会社において買い受けることができる

| 誤認例 | 株主の所在が分からない場合には、解散することができない。 |

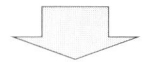

| 本当は | 株主の所在が分からない場合でも、解散することができる場合がある。 |

解　説

1　株主総会の決議による解散

　株式会社は、株主総会の決議により解散することができます（会社471三）。なお、この場合における株主総会の決議は、当該株主総会において議決権を行使することができる株主の議決権の過半数（3分の1以上の割合を定款で定めた場合にあっては、その割合以上）を有する株主が出席し、出席した株主の3分の2（これを上回る割合を定款で定めた場合にあっては、その割合）以上に当たる多数をもって行うこととされています（会社309②十一）。

　株主の全員の同意により招集手続を省略する場合（会社300）や、いわゆる書面決議を行う場合（会社319）を除き、取締役は、株主総会の日の2週間（書面投票や電磁的記録による投票を認める場合を除き、公開会社でない株式会社にあっては、1週間（取締役会設置会社以外の会社である場合には、定款により短縮可能））前までに、株主（株主総会において決議をすることができる事項の全部につき議決権を行使することができない株主を除きます（会社298②本文）。）に対して招集通知を発する必要があります（会社299①）。

2　株主に対する通知

　ところが、特に中小企業においてよく見受けられる事象として、株主の所在が分からないということがあります。この場合、株主に対して招集通知を発することができず、株主総会を招集できないのではないかという問題が生じます。

　この点、株式会社が株主に対してする通知又は催告は、株主名簿に記載し、又は記録した当該株主の住所（当該株主が別に通知又は催告を受ける場所又は連絡先を当該株式会社に通知した場合にあっては、その場所又は連絡先）にあてて発すれば足りるとされており（会社126①）、当該通知又は催告は、その通知又は催告が通常到達すべきであった時に、到達したものとみなされます（会社126②）。

　そこで、株主名簿が適切に調製されている株式会社の場合には、取りあえず、株主名簿に記載又は記録された株主の住所（当該株主が別に通知又は催告を受ける場所又は連絡先を当該株式会社に通知した場合にあっては、その場所又は連絡先）にあてて、株主総会招集通知を発することが考えられます。この場合、仮に宛先不明で返送されたとしても、有効な株主総会の招集通知となるとされています（大判大 8・11・18民録25・2165）。

3　所在不明株主

　もっとも、解散を決議するための株主総会においては、当該株主総会において議決権を行使することができる株主の議決権の過半数を有する株主（3 分の 1 以上の割合を定款で定めた場合にあっては、その割合以上）が出席することが定足数として定められています（会社309②十一）。そのため、現に所在が不明な株主が保有する議決権割合によっては、そもそも定足数を満たし得ず、解散を決議するための株主総会が成立しない可能性があります。

　この点については、株式会社が株主に対してする通知又は催告が5年以上継続して到達しない場合には、当該株主に対する通知又は催告をすることを要しないとされています（会社196①）。そして、①このように通知及び催告を要しないものであって、②当該株主が継続して5年間剰余金の配当を受領していない場合（なお、株式会社が5年間配当を実施していない場合には、①のみで足りる、又は②を充足すると考えられています（山下友信編『会社法コンメンタール4－株式(2)』243頁（商事法務、2009))。）には、所定の事項を公告し、かつ所在不明株主及びその登録株式質権者には個別にこれを催告した上で、所在不明株主その他の利害関係人から一定の期間（3か月以上）内に異議がなかったときは、当該所在不明株主が保有する株式を、㋐競売すること（会社197①）、㋑市場価格のある株式については市場価格で、市場価格のない株式については裁判所の許可を得て競売以外の方法により売却すること（会社197②）、㋒株式会社において買い受けることができます（会社197③）。なお、㋐ないし㋒の場合、株式会社は、所在不明株主その他の利害関係人が一定の期間（3か月以上）内に異議を述べることができる旨等を公告し、かつ、所在不明株主及びその登録株式質権者には、各別にこれを催告しなければならず（会社198①②、会社規39）、当該催告は、所在不明株主であるからといって、省略することはできません（会社198④）。

　そして、前記㋐ないし㋒の結果、株式会社等当該株式を買い取った者は、当該所在不明株主の住所地を管轄する供託所に競売ないし競売以外の方法による売却によって得た代金を供託することになります（民495①）。

　このように、所在不明株主が欠席することで定足数を満たさないことになってしまう場合には、このような会社法上の制度を用いて、所在不明株主の株式を整理することが考えられます。

4　結　論

　A社では、株主名簿が調製されているので、株主総会招集通知は、当該株主名簿に記載された住所にあてて発すれば足ります。そして、B及びCに対する株主総会招集通知は5年にわたって到達していないので、A社は、B及びCに対する招集通知を発する必要はない状況となっています。

　ところが、B及びCが保有する議決権割合は合計66％に及ぶことから、現状、A社の株主総会において解散を決議するために必要な定足数を満たすことができません。そこで、A社としては、B及びCに対する通知及び催告を要しないこと、並びにB及びCが継続して5年間剰余金の配当を受領していないことを踏まえて、株主総会の開催に先立って、B及びCが保有する株式を、㋐競売する、㋑裁判所の許可を得て競売以外の方法により売却する、㋒A社において買い受けることが考えられます。

（定款の変更）

【4】　株式会社が解散の決議をした場合、定款の変更をする必要はない！？

　取締役会設置会社である株式会社Ａ（以下「Ａ社」という。）は、解散することになったが、株主総会における解散の決議と清算人の選任の決議に加えて、清算株式会社の定款にふさわしい内容にするため定款の変更の決議をしなければならないか。

POINT	・清算の開始原因が生じた時点の機関設計を確認する ・清算の開始原因が生じる直前の株式会社の機関設計に係る定款の定めがどのような効力を有することになるかを理解する

誤認例	株式会社が解散した場合には、清算株式会社の定款に合致する内容にするための定款の変更をしなければならない。

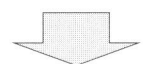

本当は	株式会社が解散した場合であっても、定款の変更をしなければならないわけではない。

解　　説

1　清算株式会社の機関

　株式会社が株主総会の決議により解散したときは、取締役は退任す

るので、解散の登記がされると取締役、代表取締役及び社外取締役に関する登記は抹消されます（商登則72①一）。したがって、取締役、代表取締役及び社外取締役の退任の登記を申請する必要はありません。しかし、監査役は、株式会社が解散しても退任しません。

　会社法上、清算株式会社においては、株主総会以外の機関としては、清算株式会社には清算人を置かなければなりませんが（会社477①）、清算人会、監査役又は監査役会を設置するか否かについては、当該清算株式会社の選択に委ねられています。ただし、清算の開始原因（会社475）が生じた時に、公開会社又は大会社であった清算株式会社は、監査役を置かなければなりません（会社477④）。清算株式会社が監査役の設置義務を負うか否かについては、清算の開始原因が生じた時に判断することになるので、清算の開始原因が生じた時点で非公開会社であった清算株式会社は、清算手続中にその定款を変更して、全部又は一部の株式について譲渡制限の定めを廃止して公開会社となった場合であっても、監査役の設置が義務付けられることとなるわけではありません。また、清算の開始原因が生じた時に資本金の額が5億円未満で、負債の額の合計額が200億円以上の大会社が、清算手続の進行中に、負債の額の合計額が200億円未満になったとしても、監査役の設置が不要になるわけではありません。あくまでも清算の開始原因が生じた時点によって判断されます（相澤哲ほか「商業登記実務のための会社法Q＆A（4）」登記情報541号28頁参照）。

2　清算株式会社の機関設計に係る定款の定め

　株式会社の機関設計に係る定款の定めとしては、取締役会、会計参与、監査役、監査役会、会計監査人、監査等委員会又は指名委員会等がありますが（会社326②）、清算株式会社は、監査役や監査役会を除き、これらを設置することはできません（会社477②）。

　しかし、取締役会や会計監査人等を置く旨の定款の定めについては、清算の開始原因が生じたことによって当該定めが廃止したものとみなされているわけではないことから、解散後であってもその定め自体は有効に存在します。そのため、解散に伴い取締役会を置く旨の定めを削除するなどの定款の変更をしていない清算株式会社が、株主総会の決議によって継続した場合（会社473）には、定款の変更をすることなく取締役会を置くべきこととなります（相澤ほか・前掲29頁参照）。

　また、監査役又は監査役会を置く旨の定款の定めのある株式会社が解散して、清算株式会社になったとしても、当該定款の定めは有効に存続します。したがって、そのような定款の定めのある清算株式会社は、清算の開始原因が生じた時点で公開会社又は大会社に当たらない場合であっても、当該定款の定めを廃止する旨の定款の変更をしない限り、その定めに従い、監査役又は監査役会を置かなければなりません。

3　清算株式会社の株式の譲渡制限に関する定款の規定

　清算株式会社が非公開会社であって株式の譲渡の承認機関が取締役会である旨の定款の規定がある場合、会社が解散したときは、取締役が退任して取締役会もなくなることから、解散の登記申請の際に、この株式の譲渡制限に関する定款の規定を変更する必要があるかどうかが問題になります。清算株式会社が解散の決議と併せて、株式譲渡の承認機関を株主総会とする旨の定款の変更の決議をした場合であったとしても、解散の登記と同時に株式の譲渡制限に関する定款の規定の変更の登記を申請する必要はありません。株式の譲渡制限に関する定款の規定の変更の登記を同時に申請しなかったとしても、解散の登記申請に却下事由がない限り、解散の登記申請は受理されます。商業登記法24条11号の「同時にすべき他の登記の申請を同時にしないとき」

に該当しないためです。この場合、株式の譲渡制限に関する定款の規定の変更は登記懈怠となります。

4　結　論

　取締役会設置会社であったA社が解散した場合、監査役又は監査役会を廃止するときには定款の変更をしなければなりませんが、このような定款の変更をしなければならない場合を除いては、取締役会や代表取締役の規定を削除するなど、清算株式会社の定款にふさわしい内容とする定款の変更を行うことは義務付けられません。しかし、登記懈怠になる場合もありますので、注意が必要です。

（事業の継続・権利能力）

【5】　解散の決議をしたら、事業は続けられない！？

　株式会社Ａ（以下「Ａ社」という。）の100％株主であり、唯一の取締役でもあるＸは、自身が高齢であり、かつ、後継者がいなかったことから、事業を廃止することとした。そこで、Ａ社は株主総会を開催し、解散の決議を行って清算手続に入った。ところが、その後、親族のＢがＡ社の状況を知り、是非Ａ社を引き継ぎたいと名乗り出てきた。解散の決議後であるものの、Ａ社は事業を再開し、事業を続けることができるか。

POINT	・解散後、株式会社は清算の目的の範囲内においてのみ存続し（会社476）、清算事務の遂行に必要な範囲でしか業務を行うことはできず、従来の事業を継続することはできない ・清算が結了するまでは、株主総会の特別決議により、株式会社を継続することで（会社473）、事業を続けることができる

誤認例	解散の決議をした以上、株式会社は清算をするしかなく、事業を継続することはできない。

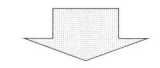

本当は	解散の決議後は、清算事務の遂行に必要な範囲でしか業務を行うことはできず、原則として従来の事業を継続することはできないが、清算が結了するまでの間であれば、

> 株主総会の特別決議により株式会社を継続することで、事業を続けることができる。

解　説

1　清算株式会社の権利能力

　株式会社は、解散する旨の株主総会の決議により解散し（会社471三）、清算をしなければなりません（会社475一）。

　清算をする株式会社（以下「清算株式会社」といいます。）は、清算の目的の範囲内においてのみ存続し（会社476）、清算事務の遂行に必要な範囲でしか業務を行うことができません。

　そのため、原則として、従来と同様の事業を続けることはできません。

2　株式会社の継続

　清算株式会社は、株主総会の特別決議（会社309②十一）により株式会社の継続を決定すれば、解散前と同様に事業を続けることができます（会社473）。

　このような株式会社の継続は、①定款で定めた存続期間の満了（会社471一）、②定款で定めた解散事由の発生（会社473二）、③株主総会の決議（会社471三）及び④休眠会社のみなし解散（会社472①）により解散した場合に認められています。

　一方で、⑤合併（会社471四）、⑥破産手続開始の決定（会社471五）及び⑦解散命令・解散判決（会社471六）により解散した場合には、株主の意思により株式会社の継続を認めることは妥当ではないため、株式会社の継続をすることはできません。

3　株式会社の継続の期限

　株式会社の継続が可能な期間は、①定款で定めた存続期間の満了（会社471一）、②定款で定めた解散事由の発生（会社471二）及び③株主総会の決議（会社471三）により解散した場合には、清算が結了するまでとなります（会社473）。

　一方で、④休眠会社のみなし解散（会社472①）により解散した場合は、解散したものとみなされた日から 3 年以内が、株式会社の継続が可能な期間となります（会社473）。

4　株式会社の継続をする場合の手続

　解散をした場合、従前の取締役は地位を失うため、株式会社の継続をするときには、株主総会において新たな取締役を選任する必要があります。

　また、株式会社の継続をする場合には、 2 週間以内に継続の登記が必要となります（会社927）。

5　結　論

　本事例において、A社は解散の決議をしていることから、清算事務の遂行に必要な範囲でしか業務を行うことはできず、原則として、従来の事業を継続することはできません。

　ただし、清算が結了する前であれば、株主総会の特別決議により、株式会社を継続する旨の決定をすることで（会社473）、事業を続けることができます。

　その際には、例えばBを新たな取締役に選任することで、BがA社の業務を執行することができます。

　また、XからBに株式を譲渡することで、BをA社の株主とすることも可能です。

《参考となる判例等》

○解散による清算中の会社は、解散前と同様に、当然に貸付け等をすることはできず、貸付け等が清算事務の遂行に必要であって会社の清算の目的の範囲内に属する理由を明らかにすることが必要とした事例（最判昭42・12・15判時505・61）

【6】　清算中の会社の権利能力は制限されない！？

　株式会社Ａ（以下「Ａ社」という。）は、株主総会で解散の決議をし、清算人としてＸが選任された。

　Ｘは、清算手続中に、株式会社Ｂ（以下「Ｂ社」という。）を経営するＣから、Ｂ社が一時的な資金不足に陥っているため、弁済期を翌月末日、利息を年１割として、500万円を貸し付けてほしいとの申入れを受けた。

　Ａ社は、Ｂ社に対し、かかる条件で500万円を貸し付けることができるか。

POINT	・清算中の会社は、清算の目的の範囲内においてのみ権利能力を有する

誤認例	清算中の会社は、弁済期や利息の点に鑑みて清算手続の遂行に影響を及ぼすものではなく、むしろ財産の形成に資する場合には、金銭を貸し付けることができる。

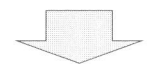

本当は	清算中の会社は、清算の目的の範囲内においてのみ権利能力を有するため、当然に金銭を貸し付けることはできない。

解　説

1　清算中の会社の権利能力

　清算中の会社は、「清算の目的の範囲内において、清算が結了するま

ではなお存続するものとみなす」とされており（会社476）、目的の範囲外の行為は無効とされます。

そして、「目的の範囲内」の行為は、清算の目的たる行為自体に限られず、清算事務を遂行するために必要な行為もこれに含まれると考えられています。

このような目的の範囲内において、清算人は、「現務の結了」、「債権の取立て及び債務の弁済」、「残余財産の分配」をはじめとして、清算事務遂行のために必要な一切の行為を行うことになります（会社481参照）。

具体的には、現務の結了として行われる売買契約を履行するための商品の買入れ、財産の換価として行われる事業譲渡、並びに、清算事務を遂行するために行われる賃貸借契約の締結及び事務員の雇入れ等は、「清算の目的の範囲内」に当たるものと考えられています。

2　「清算の目的の範囲内」の該当性

現務の結了、又は、債務の弁済を行うために、清算人や株主等の援助を受けて清算手続を遂行することは現に行われており、このような目的のために行われる金銭の借入れは、「清算の目的の範囲内」に当たるといえます。

一方で、清算中の会社が、清算手続の遂行自体を目的として、金銭を貸し付けることは想定し難く、これを当然に「清算の目的の範囲内」に当たるとはいい難いところです。

このことから、清算中の会社が金銭を貸し付ける行為が、「清算の目的の範囲内」に当たるか否かは、その貸付けの理由が清算手続を遂行するために行うものであるといえるか否かによります。

3　結　論

　A社は、B社の資金不足を補うために金銭を貸し付けようとしているところ、清算手続との関係では必要のない貸付けであると思われます。

　したがって、A社からB社に対する貸付けは、「清算の目的の範囲内」に当たるものとはいえず、A社は、B社に対し、金銭を貸し付けることはできません。

《参考となる判例等》

○債務の承認が、「債務の弁済」に付随する行為であるとして、清算中の会社の目的の範囲内に含まれ、かつ、清算人の職務に含まれるとした事例（大阪地判令3・11・11金判1638・41）

○清算人の名義で行った金銭の貸付けについて、個人として行ったのか、清算中の会社として行ったものかは判然としないが、「解散による清算中の会社が、解散前と同様に、当然に貸付等を継続してすることができると解することはできず、右貸付等が清算事務の遂行に必要であって会社の清算の目的の範囲内に属する理由を明らかにすることを要するもの」と判断した事例（最判昭42・12・15判時505・61）

○解散後に行われた役員・使用人・功労者に対して慰労金を支給したことが、清算の目的のために必要な行為に当たると判断した事例（大判大2・7・9民録19・619）

2　清算事務の遂行

（財産目録・貸借対照表の作成）

【7】　既存の決算報告書で清算手続を進められる！？

　株式会社Ａ（以下「Ａ社」という。）の解散に際し、代表取締役Ｘがａ社の清算人に就任した。Ａ社では、毎年決算報告書を作成しており、解散後は事業を営むこともないので、Ｘとしては、既存の決算報告書を前提に清算手続を進めるつもりであり、新たに決算報告書等の計算書類を作成する予定はないが、そのような対応は可能か。

POINT	・清算人はその就任後遅滞なく、清算株式会社の財産の現況を調査し、解散日における財産目録等を作成し、株主総会の承認を受けなければならない ・清算株式会社は、解散日の翌日から清算事務年度が開始し、１年ごとに貸借対照表及び事務報告並びにこれらの附属明細書を作成し、株主総会の承認を受けなければならない

誤認例	解散後は新たに決算報告書等の計算書類を作成する必要はない。

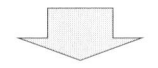

本当は	清算人はその就任後遅滞なく、解散日における財産目録等を作成し、株主総会の承認を受けなければならず、解散日の翌日から１年ごとに貸借対照表及び事務報告並びに

> にこれらの附属明細書を作成し、株主総会の承認を受け
> なければならない。

解　説

1　計算書類の作成

　株式会社は、各事業年度に係る計算書類（貸借対照表、損益計算書、株主資本等変動計算書、個別注記表）及び事業報告並びにこれらの附属明細書を作成し（会社435②、会社規116、会社計算59①）、定時株主総会に提出し、又は提供した上で（会社438①）、計算書類については定時株主総会の承認を受け（会社438②）、事業報告については定時株主総会に報告しなければなりません（会社438③）。

　解散・清算する株式会社も、一般的には最終事業年度（会社2二十四）に係る計算書類が存在することから、当該計算書類をもって、清算手続を進めることで足りるのかということが問題となり得ます。

2　解散日における財産目録等の作成

　この点、株式会社が解散し、清算手続を開始した場合、清算人は、その就任後遅滞なく、清算株式会社の財産の現況を調査し、解散日における財産目録及び貸借対照表（以下「財産目録等」といいます。）を作成しなければなりません（会社492①）。このように、最終事業年度の計算書類だけでは足りず、新たに財産目録等を作成する必要があります。

　そして、清算人は、財産目録等（清算人会が設置されている清算株式会社においては、あらかじめ清算人会の承認を受けたもの（会社492②））を株主総会に提出し、又は提供し、その承認を受けなければなり

ません（会社492③）。加えて、清算株式会社は、財産目録等を作成した時からその本店の所在地における清算結了の登記の時までの間、当該財産目録等を保存しなければなりません（会社492④）。

3　各清算事務年度における貸借対照表等の作成

　また、清算株式会社は、各清算事務年度（解散日の翌日又はその後毎年その日に応当する日（応当する日がない場合にあっては、その前日）から始まる各1年の期間をいいます。）に係る貸借対照表及び事務報告並びにこれらの附属明細書を作成しなければなりません（会社494①）。このように、最終事業年度に係る計算書類が存在していたとしても、「事業年度」とは異なり、解散日の翌日から新たに「清算事務年度」が開始し、1年ごとに貸借対照表及び事務報告並びにこれらの附属明細書を作成することが必要になります。

　清算株式会社は、各清算事務年度に係る貸借対照表及び事務報告並びにこれらの附属明細書を定時株主総会の日の1週間前の日（書面決議に係る提案があった場合には、当該提案があった日）からその本店の所在地における清算結了の登記の時までの間、その本店に貸借対照表等を備え置かなければなりません（会社496①）。

　また、清算人は、貸借対照表及び事務報告（監査役が設置されている清算株式会社（清算人会が設置されている場合を除きます。）においては監査役の監査を受けたもの（会社497①一）、清算人会が設置されている清算株式会社においては清算人会の承認を受けたもの（会社497①二））を定時株主総会に提出し、又は提供し（会社497①）、貸借対照表については定時株主総会の承認を受け（会社497②）、事務報告についてはその内容を定時株主総会に報告しなければなりません（会社497③）。

4　結　論

　A社の最終事業年度に係る計算書類が存在しているとしても、Xとしては、清算人に就任後遅滞なく、清算手続が開始したA社の財産の現況を調査し、解散日における財産目録等を作成の上、株主総会の承認を受ける必要があります。

　また、A社の清算手続が長引くようであれば、解散日の翌日から始まる清算事務年度の末日における貸借対照表及び事務報告並びにこれらの附属明細書を作成の上、貸借対照表については定時株主総会の承認を受け、事務報告についてはその内容を定時株主総会に報告する必要があります。

【8】 通常清算を開始した後に債務超過であることが明らかになった場合でも、清算手続を完遂できる！？

　株式会社Ａ（以下「Ａ社」という。）は、事業の継続を断念し、株主総会の決議を経て解散することとなった。現在、清算手続が進行中である。

　清算手続の遂行過程でＡ社は債務超過であることが明らかになったものの、現務の結了や債権の取立て等必要な清算事務はおおむね終了しつつある場合には、そのまま清算手続を完遂することができるか。

POINT	・清算人は、その就任後遅滞なく、清算株式会社の財産の現況を調査し、清算の開始原因に該当することとなった日（通常は解散の日）における財産目録及び貸借対照表を作成しなければならない ・その過程で清算株式会社が債務超過であることが明らかになった場合には、清算人は、直ちに破産手続開始の申立てをしなければならない ・いかに清算事務の終了が見込まれる状態にあろうとも、債務超過が明らかになった以上、清算手続を完遂することはできない

誤認例	清算手続の過程で清算株式会社が債務超過であることが明らかになったとしても、清算事務の終了が見込まれる場合には、そのまま清算手続を完遂することができる。

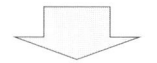

本当は	清算株式会社が債務超過であることが明らかになった場合には、清算人は、直ちに破産手続開始の申立てをしなければならず、そのまま清算手続を完遂することができない。

解　説

1　清算事務の遂行

　株式会社が解散し、清算手続が開始した場合、清算人は、その就任後遅滞なく、清算株式会社の財産の現況を調査し、清算の開始原因に該当することとなった日（通常は解散の日）における財産目録及び貸借対照表を作成しなければなりません（会社492①）。

　その結果、当該株式会社が直近の事業年度において資産超過であったとしても、清算事務の過程において当該株式会社が実は債務超過であったことが判明するということもあり得ます。

2　破産手続開始の申立ての必要性

　清算株式会社の財産がその債務を完済するのに足りないことが明らかになったとき、すなわち、清算株式会社が債務超過であることが判明した場合には、清算人は、直ちに破産手続開始の申立てをしなければならないとされています（会社484①）。

　加えて、清算人は、清算株式会社が破産手続開始の決定を受けた場合には、破産管財人にその事務を引き継ぐものとされ（破産管財人に事務を引き継いだときは、その任務を終了したものとされます（会社

484②)。)、あわせて、清算株式会社が既に債権者に支払い、又は株主に分配したものがあるときは、破産管財人は、これを取り戻すことができるともされています（取戻権）（会社484③)。

　これは、清算手続では全ての債権者に債務の全額を弁済できることが前提とされており、債務超過であることが判明してその前提が覆った場合には、直ちに債権者間の平等ないし公平が貫徹される破産手続に移行させることが相当であると考えられていることによるものと思われます。

　なお、清算株式会社に債務超過の疑いがあるときは、清算人は、特別清算開始の申立てをしなければならないとされていますので、清算人の立場からはこの点にも留意が必要です（会社511②)。

3　結　論

　A社において、開始された清算手続の過程で債務超過であることが明らかになった場合には、清算人は、直ちに破産手続開始の申立てをしなければなりません。

　したがって、債務超過が判明した時点でいかに清算事務の終了が見込まれる状態にあったとしても、債務超過が明らかになった以上、清算手続を完遂することはできません。

《参考となる判例等》
○清算手続では全ての債権者に債務の全額を弁済できることが前提とされており、清算会社が破産手続開始の決定を受けた場合に清算手続において債権者に弁済等がされた財産が破産財団に属しないとすると債権者間の公平を害することになるから、破産管財人は、相手方の主観的事情や弁済等の時点で破産者が支払不能であったか等を問わず、会社法484条3項の取戻権を行使できるとした事例（福岡高那覇支判令2・2・27金判1593・14）

（債権者保護手続）

【9】　知れている債権者への催告が漏れていても清算手続に支障はない！？

　株式会社Ａ（以下「Ａ社」という。）の解散に際し、代表取締役ＸがＡ社の清算人に就任した。Ａ社は、ノンバンクである株式会社Ｂ（以下「Ｂ社」という。）より融資を受けており、Ｘは当然そのことを認識しているほか、Ａ社の会計帳簿にもＢ社からの借入金が計上されている。もっとも、Ｘは、Ｂ社に対し、各別の催告を行うことなく、Ｂ社が知らぬ間に清算手続を進め、清算結了の登記を了した。Ａ社の清算手続に何らかの支障はあるか。

POINT	・知れている債権者には、公告に加えて、各別の催告を行わなければならない ・清算株式会社の法人格は、清算事務の終了及び株主総会における決算報告の承認により、清算が結了することで消滅する ・清算人がその職務を行うについて悪意又は重大な過失があったときは、当該清算人は、これによって第三者に生じた損害を賠償する責任を負う

誤認例	知れている債権者に対する各別の催告が漏れていても、清算手続に支障はない。

	知れている債権者に対する各別の催告が漏れていた場合には、仮に清算結了の登記がなされたときでも、当該債権者との関係で、清算株式会社の法人格は消滅しない。清算人が悪意又は重過失により、知れている債権者に対する各別の催告を漏らした場合には、清算人は当該債権者に対し損害賠償責任を負う。
本当は	

解　説

1　知れている債権者に対する催告

　清算株式会社は、解散した後、遅滞なく、債権者に対し、2か月を下回らない一定の期間内にその債権を申し出るべき旨を官報に公告し、かつ、知れている債権者には、各別にこれを催告しなければなりません（会社499①）。これは、清算株式会社に債権の存在を把握させ、その債権者を清算に加わらせることを目的としたものであり、知れている債権者への催告は、官報公告に加えて、定款に定めた事実に関する事項を掲載する日刊新聞紙又は電子公告により公告した場合であっても、省略することはできません（江頭憲治郎『株式会社法』1064頁（有斐閣、第9版、2024））。

　なお、公告に加えて各別の催告が必要とされる「知れている債権者」とは、清算株式会社の帳簿その他により氏名、住所等が株式会社に知れている債権者をいい、債権額が確定している必要はありません（落合誠一編『会社法コンメンタール12―定款の変更・事業の譲渡等・解散・清算(1)』269頁（商事法務、2009））。

2　清算結了と法人格の消滅

　清算事務が終了し、株主総会において決算報告が承認されると、清算は結了し、その後、清算結了の登記が行われるのが通常の流れですが、清算株式会社の法人格は、あくまでも、清算事務の終了及び株主総会における決算報告の承認による清算結了によって消滅するのであって、清算結了の登記によって消滅するわけではありません。

　そのため、清算結了の登記がある場合であっても、清算事務が終了していない場合には、清算株式会社の法人格は消滅していません。知れている債権者に対する各別の催告は、清算事務の一端を構成するものであるところ、仮にそれが漏れていれば、清算手続において債権申出の催告を受けなかったために債権を申し出る機会を得られなかった債権者に対する関係では、清算は実質的に結了しておらず、当該株式会社は、清算中の株式会社としていまだ存続するものとみなすのが相当であるとされています（東京地判平3・12・26金法1335・58）。

3　清算人の責任

　知れている債権者に対する各別の催告が漏れていたにもかかわらず、清算結了の登記がなされている場合には、当該債権者との関係で、当該株式会社の法人格が消滅していないとしても、既に株主に対する残余財産の分配は終了しており、当該株式会社から債権の回収を図ることは実質的に困難であるものと考えられます。

　もっとも、清算人がその職務を行うについて悪意又は重大な過失があったときは、当該清算人は、これによって第三者に生じた損害を賠償する責任を負います（会社487①）。そのため、知れている債権者に対する各別の催告の遺漏が、清算人の悪意又は重大な過失によるものであったときには、清算人が当該債権者に生じた損害を賠償する責任を負うことになります。

4　結　論

　B社からの借入金は、A社の会計帳簿に計上されていることから、B社は、A社の「知れている債権者」に該当し、A社は、B社に対し、各別の催告を行う必要があります。

　しかしながら、A社はB社に対する各別の催告を怠っているため、B社との関係では、A社の清算は実質的に終了しておらず、A社は、いまだ清算中の株式会社として存続するものとみなされます。

　さらに、Xは、B社がA社の知れている債権者であることを認識しながら、B社に対する各別の催告を怠っていることから、Xは、B社に対し、損害賠償責任を負うものと考えられます。

《参考となる判例等》

○会社の清算結了の登記がある場合であっても、知れている債権者への催告がなされていないときは、債権者に対する関係では清算は実質的に結了しておらず、清算中の会社として存続するとした事例（東京地判平3・12・26金法1335・58）

（現務の結了）

【10】　解散ないし事業を廃止すれば従業員を当然に解雇できる！？

　株式会社Ａ（以下「Ａ社」という。）は、今まで行っていた事業の継続を断念し、株主総会の決議を経て、解散することとなった。

　Ａ社は従前同様に従業員を雇用したままであるが、Ａ社自体が解散し清算手続に入ることから、従業員が任意に退職しない場合でも当然に従業員を解雇することができるか。

POINT	・解散ないし事業の廃止に伴って従業員を解雇する場合にも解雇権濫用規制（労契16）の適用がある ・解散ないし事業の廃止に伴う解雇は、通常は「客観的に合理的な理由があり、社会通念上相当として是認できる場合」に該当するが、解散ないし事業の廃止のいきさつ、解雇せざるを得ない事情、解雇の条件等は従業員に対して説明すべきであり、そのような手続的配慮を欠いたまま解雇した場合には、「社会通念上相当として是認」できない解雇として、解雇権の濫用と判断されることもある

誤認例	解散ないし事業を廃止した場合には、従業員の解雇につき、客観的に合理的な理由があり、社会通念上の相当性があるから、当然に従業員を解雇することができる。

本当は	解散ないし事業を廃止する場合であっても、解雇すべき従業員に対して経緯や理由の説明を怠るなど手続的配慮を欠いた場合には、解雇権の濫用として無効と判断されることがあり得る。

解　説

1　解散ないし事業の廃止に伴う労働契約の整理

　株式会社が解散し、清算手続が開始した場合、清算株式会社は、清算の目的の範囲内において、清算が結了するまではなお存続するものとされ（会社476）、清算人が、現務を結了し、債権の取立て及び債務の弁済を行い、残余財産の分配を行うこととなります（会社481）。

　清算手続の開始前に従業員が退職していない場合には、清算人が、現務の結了の一環として労働契約の整理を行うこととなり、具体的には、未払賃金や退職金等を支払いつつ、任意での退職ないし解雇を実施することとなります。

2　解散ないし事業の廃止に伴う労働契約の整理時に適用される ルール等

　解散ないし事業の廃止に伴って従業員を解雇する場合であっても、労働基準法上の解雇予告義務（労基20）や労働協約上の解雇協議義務の適用がありますので、この点には留意が必要です。

　また、解雇権濫用規制（労契16）も、労働契約に関する一般的ルールとしてこの場面でも適用がありますが、解散ないし事業の廃止に伴うものであることが、通常は「客観的に合理的な理由があり、社会通念上相当として是認できる場合」に該当すると考えられます。

　もっとも、解散ないし事業の廃止に伴う解雇であっても、解散ない
し事業の廃止のいきさつ、解雇せざるを得ない事情、解雇の条件等は
従業員に対して説明すべきであり、そのような手続的配慮を著しく欠
いたまま解雇が行われた場合には、「社会通念上相当として是認」でき
ない解雇として、解雇権の濫用と判断される可能性があります。従業
員が解雇を争った場合には、清算株式会社との関係で労働契約上の地
位の確認が認められ、有効に解雇ができず、清算事務が終了しないこ
とにもなりかねませんので、注意が必要です。解散ないし事業の廃止
をする場合には、労働契約の整理、特に解雇に向けた手続やスケジュ
ールを事前に詰めておくべきでしょう。

　なお、解散ないし事業の廃止に伴う解雇は、企業が存続しつつ人員
削減措置をとる整理解雇とは異なるので、整理解雇の法理は適用され
ません。

3　その他の留意点（組合潰しや偽装解散）

　解散ないし事業の廃止が、労働組合を嫌悪し壊滅させるために行わ
れた場合には、解散ないし事業の廃止そのものは有効であるとしても、
それによる解雇は強行法規に違反するものとして無効となり（労組7、
民90）、清算株式会社との関係で労働契約上の地位の確認が行われる可
能性があります。

　清算株式会社が解散ないし事業の廃止を装いつつも、事業譲渡等何
らかの形で事実上事業を継続させる場合には、解散ないし事業の廃止
を理由とする解雇は「客観的に合理的な理由」を欠き、解雇権の濫用
とされる可能性があります。そのような解散ないし事業の廃止自体が
不当労働行為（労組7一）と評価される可能性もありますので、注意が
必要です。

4　結　論

　解散ないし事業の廃止に伴う解雇は、通常は「客観的に合理的な理由があり、社会通念上相当として是認できる場合」に該当しますが、解散ないし事業の廃止のいきさつ、解雇せざるを得ない事情、解雇の条件等は従業員に対して説明すべきであり、そのような手続的配慮を欠いたまま解雇した場合には、「社会通念上相当として是認」できない解雇として、解雇権の濫用と判断されることもあるため、A社は、当然に従業員を解雇できるわけではありません。

　A社において、解散ないし事業の廃止に伴い労働契約の整理を要する場合には、まずは従業員を任意に退職させることができないか確認しつつ、やむを得ず解雇を要する場合には、解散ないし事業の廃止のいきさつ、解雇せざるを得ない事情、解雇の条件等を従業員に対して説明し、余裕を持って解雇の手続を行うべきであるといえます。

《参考となる判例等》

○親会社の生産拠点変更により被告会社が事業廃止及び全従業員解雇を決定した事案につき、使用者が事業を廃止するか否かは営業活動の自由として、使用者が自由に決定できる権利を有するが、事業廃止が自由であるからといって労働者の解雇も自由であるということはできず、事業廃止に伴い労働者を解雇する場合には解雇権濫用法理に照らして判断すべきであり、また、事業廃止に伴い全従業員を解雇する場合の解雇の効力の判断は、いわゆる整理解雇の4要件を基礎として判断するのではなく、事業廃止の必要性及び解雇手続の妥当性を総合的に検討して判断すべきであるとした事例（仙台地決平17・12・15労判915・152）

【11】　換価に時間のかかる不動産はゆっくり売却すればよい！？

　株式会社Ａ（以下「Ａ社」という。）の清算人として選任されたＸがＡ社の財産を調査したところ、Ａ社がビルを所有していることが判明した。ところが、当該ビルは老朽化している上、立地もよくないことから、換価には相当の時間を要することが見込まれた。Ｘはどのように売却を進めればよいか。

POINT	・時間をかけることで、より高額で売却できる可能性があるというメリットがある ・一方で、換価までに時間がかかることで、一般論として火災の発生等の管理上のリスクが大きくなることや、固定資産税、管理費等のコストが増加するというデメリットがある ・メリット・デメリットを比較衡量した上で、適切な時期に売却することが重要である

誤認例	少しでも高額で売却することができれば残余財産の分配額が増え、株主の利益になるため、高額での購入を希望する買主が現れるまで時間をかけて売却した方がよい。

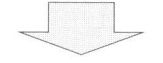

本当は	売却までに時間がかかることで、火災の発生等の管理上のリスクが大きくなることに加え、固定資産税、管理費等のコストが増加すること等から、高額で売却できる可

能性と比較衡量した上で、適切な時期に売却することが
重要である。

解　説

1　不動産を所有している場合の対応

　清算する株式会社（以下「清算株式会社」といいます。）が不動産を
所有している場合、債権者への弁済及び株主への残余財産の分配等の
前提として、不動産を売却して、現金化する必要があります。

　そして、不動産の売却には、様々な法的問題が潜在していることか
ら、不動産業者との間で媒介契約を締結するなどして、適切に売却を
行う必要があります。

2　時間をかけて売却することのメリット・デメリット

（1）　メリット

　不動産を売却する場面においては、当該不動産の市場性にもよりま
すが、時間をじっくりかけることで、新たな買受希望者が現れ、より
高額で売却できる可能性があることは否定できません。

（2）　デメリット

　売却に時間をかけることで、以下のような問題が生じることから、
時間をかけて売却をすることが必ずしも適切とはいえません。

ア　管理の問題

　売却までに時間がかかるほど、一般論として、火災の発生や不動産
内の物品の盗難被害等の可能性が高まり、不動産の価値を低下させて
しまうリスクがあります。なお、このようなリスクに備え、火災保険
等に加入しておくことが推奨されます。

　また、清算人は、清算株式会社に対して善管注意義務を負っている

ことから（会社478⑧・330、民644）、清算人の管理方法に問題があった場合には、前記の義務に違反したとして損害賠償責任を負う可能性もあります。

　　イ　コストの問題

　次に、清算株式会社が不動産の所有を続けることにより、固定資産税が発生し続ける上、不動産が区分所有マンションであった場合等には管理費及び修繕積立金等の費用が発生し続けることになります。

　さらに、不動産の換価が終了しないことによって、当然、清算株式会社が存続し続けるため、年度ごと（解散の日の翌日から1年ごと）に決算報告の必要が生じ、そのための事務負担ないし税理士費用が発生する上、残余財産確定の日まで基本的に法人住民税均等割が課税されることになります。

　　ウ　債権者に与える不利益

　不動産の売却代金を債権者への弁済原資に充てることを予定していた場合には、売却して現金化するまでに時間がかかることで、債権者への弁済が遅れてしまい、債権者に不利益を与える可能性もあります。

　　エ　株主に与える不利益

　前記アのリスクが顕在化したような場合や、前記イのコストがかかった結果、不動産の売却代金が目減りしてしまった場合、株主に対する残余財産の分配額が減ってしまい、株主に不利益を与えることになります。

（3）　小　括

　これらのメリット・デメリットを踏まえれば、時間をかけることで、より高額で売却できる可能性と、時間をかけることにより生じるリスクやコストとのバランスを比較衡量しながら、適切な時期に売却をすることが肝要といえます。

3　結　論

　本事例において、A社の清算人Xとしては、不動産業者との間で媒介契約を締結するなどして、まずは不動産を売り出してみた上で、買受希望者がどの程度現れるのか等により、随時、売出価格を引き下げるなどして、いたずらに時間を経過させることのないように注意しながら、売却を進めるべきでしょう。

　その際、火災の発生等のリスクに備えて火災保険に加入することも検討すべきです。

（債務の弁済）

【12】　消滅時効が完成している債務については弁済の 必要はなく、放置しておけばよい！？

　株式会社Ａ（以下「Ａ社」という。）は、Ｂから借入れを受けた が、弁済期に資金不足に陥ったため当該借入金の返済ができず、 弁済期から12年が経過した。今般、Ａ社は株主総会で解散の決議 をし、Ｘが清算人に選任された。

　Ｘは、Ａ社の清算手続を進めるに当たり、Ｂからの借入金を返 済する必要はなく、そのまま放置しておけばよいか。

POINT	・消滅時効が完成している債務については、消滅時効援用の意思表示を行う必要がある

誤認例	消滅時効期間が経過している債権を有する者から特に請求もなく、債権者自身も消滅時効が完成していると認識している可能性が高いため、当該債権に対応する債務について、清算株式会社は弁済をすることなく放置したまま清算手続を終えることができる。

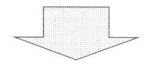

本当は	消滅時効期間が経過し、消滅時効が完成している債務について、清算人は、清算手続を進めるに当たり、消滅時効援用の意思表示を行う必要がある。

解　説

1　時効援用の法的性質

　債務者は、特別の定めがある場合を除いて、令和2年3月31日以前に生じた債権については、権利を行使できる時から10年（平29法44改正前民167）、商行為によって生じた債権については5年（平29法45改正前商522）を経過した場合には、消滅時効の成立を主張することができる状態になります。

　一方で、令和2年4月1日以後に生じた債権については、原則として、債権者が権利を行使することができることを知った時から5年、権利を行使できる時から10年を経過した場合には、消滅時効の成立を主張することができる状態になります（民166①）。

　そして、時効の利益を享受するか否かは、当事者の良心に委ねられていることから、時効は、消滅時効・取得時効を問わず、援用によって初めて効力を生じると解されています（大判昭10・12・24民集14・2096）。

　このことから、債務者としては、消滅時効期間が経過したとしても、時効の効力を主張できる状態になるだけですので、消滅時効援用の意思表示を行わなければ債務の消滅を主張できないことになります。

2　清算人による消滅時効援用の要否

　時効制度の構造を前提にすると、清算人が消滅時効援用の意思表示を行わない限り、清算株式会社は債務を負担し続けていることになるため、清算手続を終えることができません。

　また、清算人において消滅時効が完成していると認識していたとしても、債権者から時効の完成猶予や更新が生じているとの反論がなされることも想定できます。

　このような債権が存在するにもかかわらず、このことを看過したまま清算手続を進め、他の債権者に対する弁済や残余財産の分配を実施

してしまった場合には、当該債権を有する者から、清算人としての善管注意義務に違反しているとの指摘を受ける可能性も否定できません。

　消滅時効が完成しているため清算人が消滅していると考えていた債務について消滅時効の完成が否定された場合には、手続の選択や見通しにも影響を及ぼしかねません。消滅時効が完成している可能性のある債務を負担する清算株式会社の清算人に就任した場合には、就任後、速やかに、当該債務に対応する債権を有する者に対し、消滅時効援用の意思表示を行うべきであるといえます。

　なお、清算人は清算手続において知れている債権者に対し、各別に債権申出の催告を行うこととされていますが（会社499①）、同催告は、時効の更新の効力を生ずる債務の承認（民152）に当たるものとされていますので（大判大4・4・30民録21・625）、既に消滅時効期間が経過している可能性のある債権を有する者に対して安易に催告を行うことのないようにしましょう。

3　結　論

　A社が負担している債務は弁済期から12年が経過しているので、時効の更新の措置等がとられていなければ、消滅時効が完成しています。

　Xは、A社の清算人として、Bに対し、消滅時効援用の意思表示を行うべきでしょう。

《参考となる判例等》
○取得時効の成否が問題になった事例において、「当事者ノ意思ニ反シテ強制的ニ時効ノ利益ヲ享ケシムルヲ不可トシタル」と判断した事例（大判昭10・12・24民集14・2096）
○清算人が行った知れたる債権者に対する債権申出の催告が、時効中断の効力を生じる「債務の承認」に当たると判断した事例（大判大4・4・30民録21・625）

【13】　弁済禁止期間中であっても、公租公課等の優先債権は支払ってもよい！？

　株式会社Ａは株主総会で解散の決議をし、Ｘが清算人となった。

　Ｘは、遅滞なく、債権者に対し、2か月以内に債権を申し立てるべき旨を官報に公告し、債権申出期間に入ったが、同期間中に、法人住民税の納付期限が到来した。

　Ｘは法人住民税を支払ってよいか。

POINT	・公租公課や清算費用等の優先権を有する債権であったとしても、弁済禁止に例外はない

誤認例	公租公課や清算費用等については、優先性が認められるため、債権申出期間中であったとしても、弁済してよい。

本当は	公租公課や清算費用等の優先権を有する債権であったとしても、債権申出期間中の弁済は認められておらず、同期間中に清算人として弁済を実施するためには、裁判所の許可を受ける必要がある。

解　　説

1　債権者保護手続

　清算株式会社は、解散後、遅滞なく、当該清算株式会社の債権者に

対し、一定の期間（この期間は2か月を下ることができません。）内に
その債権を申し出るべき旨を官報に公告し、かつ、知れている債権者
には、各別にこれを催告しなければなりません（会社499①）。なお、こ
の公告には、当該債権者が当該期間内に申出をしないときは清算から
除斥される旨を付記しなければなりません（会社499②）。

　知れている債権者以外の債権者で、債権申出期間内に債権の申出を
しなかった債権者は清算から除斥され、分配がされていない残余財産
に対してのみ弁済を請求することができます（会社503②）。

　そして、通常清算手続では、債権申出期間満了前には総債権額の把
握ができず、債務超過であるかの判断もできないため、特定の債権者
に対する弁済を許してしまうと偏頗弁済になるおそれがあります。そ
のため、債権申出期間内は、原則として債務の弁済ができません（会社
500①）。

　弁済が禁止される債権に例外はなく、公租公課や清算費用等の優先
権を有する債権の弁済も禁止されています。

　ただし、債権申出期間満了前であっても、裁判所の許可を得て、少
額の債権、清算株式会社の財産につき存する担保権によって担保され
る債権その他これを弁済しても他の債権者を害するおそれがない債権
に係る債務を弁済することができます（会社500②前段）。

　なお、債権申出期間中に裁判所の許可を受けることなく、債権を弁
済した場合にも、弁済自体の効力が否定されることはないと考えられ
ています（大判昭7・8・17新聞3460・9）。

　しかし、弁済を行った清算人は、100万円以下の過料が科される可能
性がありますので注意が必要です（会社976㉙）。

　したがって、債権申出期間中は、公租公課や清算費用等の優先権の
ある債権であっても、裁判所の許可なく、弁済することはできません。

2　結　論

　Xは、法人住民税のような公租公課等の優先権を有する債権であったとしても、原則として、債権申出期間中にこれを納付することはできず、同期間中に納付するためには、裁判所の許可が必要となります。

《参考となる判例等》

○債権申出期間内に裁判所の許可を得ずに行った弁済について、弁済自体は有効であるとした事例（大判昭7・8・17新聞3460・9）

（残余財産の分配）

【14】　株主総会によって決算報告が承認されないと清算は結了できない！？

　弁護士Ｘは、裁判所の決定により、株式会社Ａ（以下「Ａ社」という。）の清算人に就任したが、Ａ社の取締役や株主の所在が不明であった。もっとも、Ａ社は監査役設置会社であった。Ｘは、清算の結了に際して、Ａ社の株主総会による決算報告の承認を受けなければならないが、株主総会を招集することができない。この場合には、Ａ社の清算を結了させることはできないか。

POINT	・決算報告について株主総会の承認があったときは、職務の執行に関し不正の行為があったときを除き、任務懈怠による清算人の損害賠償責任は免除されたものとみなされる ・株主総会による決算報告の承認は、清算結了の事後的承認にすぎず、清算人の免責のための要件ではあるものの、清算結了自体の効力発生要件ではない ・株主総会の招集ができず、決算報告の承認が受けられない場合には、監査役の監査を受けて清算を結了することができる

誤認例	株主総会による決算報告の承認を受けられない場合には、清算を結了させることができない。

| **本当は** | 株主総会の招集ができず、決算報告の承認が受けられない場合であっても、監査役の監査を受けることで清算を結了させることができる場合がある。 |

解　　説

1　清算人の職務

　清算人の職務には、現務の結了、債権の取立て及び債務の弁済、残余財産の分配があります（会社481）。

　全ての債務を弁済した後、残余財産がある場合には、清算人の決定（清算人会設置会社においては清算人会の決議）により、株式の種類・数に応じて株主に対し残余財産を分配します（会社504）。

2　株主総会による決算報告の承認

　清算株式会社は、清算事務が終了したときは、遅滞なく、法務省令（会社規150）で定めるところにより決算報告を作成し、株主総会の承認を受けなければなりません（会社507①③）。なお、清算人会設置会社においては、株主総会の承認を受ける前に清算人会の承認を受けることを要します（会社507②）。

　決算報告について株主総会の承認があったときは、職務の執行に関し不正の行為があったときを除き、任務懈怠による清算人の損害賠償責任は免除されたものとみなされます（会社507④）。

3　株主総会による決算報告の承認が受けられない場合

　清算結了の登記は、事実を公示する効力を有するにとどまり、株主総会による決算報告の承認があったとしても、清算株式会社に財産が残存していれば清算は結了しません。清算株式会社の法人格も消滅し

ないことになります。このため、株主総会による決算報告の承認は、清算結了の事後的承認にすぎず、清算人の免責のための要件ではあるものの（会社507④）、清算結了自体の効力発生要件ではないと考えられます（宮田和一「株主総会招集ができない場合の株式会社の清算結了登記」商事法務1217号52頁(1990)）。

　したがって、株主総会の招集ができず、決算報告の承認が受けられない場合には、監査役の監査を受けて清算を結了することができるものと思われます（宮田・前掲53頁）。すなわち、監査役に決算報告の内容の審査を受け、監査役が作成した株主総会を招集できない旨の証明書を添付して、清算人が清算結了の登記を申請すれば受理されるものと考えられているようです。また、監査役も所在不明の場合には、裁判所に一時監査役の職務を行うべき者を選任してもらい、一時監査役が作成した前記の証明書を添付すればよいと考えられているようです（法曹時報12・10・170、昭15・7・11民事甲874参照）。

4　結　論

　Xは、A社の取締役や株主が所在不明であるため、株主総会による決算報告の承認を受けられません。このような場合には、Xは、監査役に決算報告の内容の審査を受け、監査役が作成した株主総会を招集できない旨の証明書を添付して、Xが清算結了の登記を申請すれば受理されるものと思われます。仮に、監査役も所在不明の場合には、裁判所に一時監査役の職務を行うべき者を選任してもらい、一時監査役が作成した株主総会を招集できない旨の証明書を添付して、Xが清算結了の登記を申請すれば受理されるものと思われます。

　したがって、Xは、A社の取締役や株主が所在不明であるため、株主総会による決算報告の承認を受けられない場合であっても、かかる方法によって清算を結了させることができるものと思われます。

3　清算事務の終了

（税務手続）

【15】　残余財産確定時の申告期限は清算中の事業年度の申告期限と同じと考えてよい！？

　株式会社A（以下「A社」という。）は清算中の法人であり、今回残余財産が確定したため確定申告書を提出することになった。A社は、確定申告書の提出期限は清算中の法人と同様、最終事業年度終了の日の翌日から2か月以内と考えているが問題ないか。

POINT	・清算中の内国法人は、各事業年度終了の日の翌日から2か月以内に確定申告書を提出しなければならない ・清算中の内国法人につきその残余財産が確定した場合には、最終事業年度終了の日の翌日から1か月以内に確定申告書を提出しなければならない ・最終事業年度終了の日の翌日から1か月以内に残余財産の最後の分配又は引渡しが行われる場合には、その行われる日の前日までに確定申告書を提出しなければならない

誤認例	清算中の内国法人は、残余財産が確定したときは、最終事業年度終了の日の翌日から2か月以内に確定申告書を提出しなければならない。

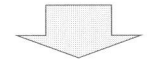

本当は	清算中の内国法人は、残余財産が確定したときは、最終事業年度終了の日の翌日から 1 か月以内（1 か月以内に残余財産の最後の分配又は引渡しが行われる場合には、その行われる日の前日まで）に確定申告書を提出しなければならない。

解　説

1　清算中の各事業年度の確定申告書提出期限

　清算中の内国法人は、各事業年度終了の日の翌日から 2 か月以内に確定申告書を提出しなければなりません（法税74①）。また、提出期限の延長と提出期限の延長特例の適用も受けることができます（法税75①・75の 2 ①）。

2　最終事業年度の確定申告書提出期限

　清算中の内国法人につきその残余財産が確定した場合には、最終事業年度終了の日の翌日から 1 か月以内に確定申告書を提出しなければなりません（法税74②）。なお、最終事業年度終了の日の翌日から 1 か月以内に残余財産の最後の分配又は引渡しが行われる場合には、その行われる日の前日までが提出期限となります（法税74②）。

　また、国税通則法11条の災害等による期限の延長に該当する場合を除き、提出期限の延長と提出期限の延長特例の適用も受けることはできません。

3　結　論

　本事例において、A社は最終事業年度終了の日の翌日から1か月以内に確定申告書を提出しなければならず、最終事業年度終了の日の翌日から1か月以内に残余財産の最後の分配又は引渡しが行われる場合には、その行われる日の前日までが提出期限となります。

【16】　清算が結了したら帳簿資料は処分してもよい！？

　株式会社Ａ（以下「Ａ社」という。）は、後継者がいないため廃業することを決めた。今後は本社として賃借している物件も解約することにしている。賃借物件を解約してしまうと、帳簿資料の保管場所がなくなるため、清算結了後、帳簿資料は処分しようと考えている。

　Ａ社は、清算が結了したら帳簿資料を処分することができるか。

POINT	・清算人は清算株式会社の清算結了の登記の時から10年間、清算株式会社の帳簿並びにその事業及び清算に関する重要な資料（以下「帳簿資料」という。）を保存しなければならない ・会社法では帳簿資料がどのようなものかについて具体的に規定していない ・法人税法においては青色申告法人が備えるべき帳簿書類を明確に規定しているため、法人税法上の帳簿書類を作成すれば、会社法上の帳簿資料を作成したことになると考えられる

誤認例	清算株式会社は清算が結了したら帳簿資料を処分することができる。

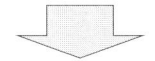

本当は	清算株式会社は清算が結了しても帳簿資料を10年間保存しなければならない。

解　説

1　会計帳簿・帳簿資料・帳簿書類の範囲

　会社法では「会計帳簿」（会社432等）という用語は出てくるものの、どのような書類が会計帳簿に当たるか具体的には規定されていません。また、会社法には、清算人は清算株式会社の清算結了の登記の時から10年間、清算株式会社の帳簿並びにその事業及び清算に関する重要な資料を保存しなければならないと規定され、「帳簿資料」という用語も用いられています（会社508①）。しかしながら、これらは同じ概念であると考えてよいでしょう。

　他方で、法人税法では、「帳簿書類」という用語が用いられています（法税規54・59・67）。これには、仕訳帳、総勘定元帳、棚卸表、貸借対照表、損益計算書、注文書、契約書、送り状、領収書、見積書その他これらに準ずる書類等が含まれると考えられています（法税規59①）。

　法人税法上の帳簿書類に該当する場合には、会社法上の会計帳簿・帳簿資料の要件も満たすものと考えられます。

2　帳簿資料の保存期間

　会社法では、清算人は清算株式会社の清算結了の登記の時から10年間、清算株式会社の帳簿資料を保存しなければならないと規定しています（会社508①）。

　次に、法人税法では、起算日から7年間、帳簿書類を保存しなければならないとされており（法税規59①・67②）、起算日には清算中の法人の残余財産が確定した場合も含むとされています（法税規59②）。

　このように、会社法と法人税法は、いずれにおいても清算結了後の帳簿資料・帳簿書類の保管義務を定めていますが、会社法と法人税法においては異なる保存期間となっています。会社法の方が法人税法よ

りも保存期間が長いため、会社法の保存期間を遵守すれば法人税法の
保存期間の要件も満たすことになります。

3　結　論

　本事例において、A社は、本社として賃借している物件を解約した
ことにより保管場所がなくなったとしても、A社の帳簿資料を処分す
ることはできず、清算結了の登記の時から10年間、保管しなければな
りません。

【17】　中小企業者等以外の法人は、解散後でも欠損金の繰戻還付制度を利用できない！？

　株式会社Ａ（以下「Ａ社」という。）は資本金が1億円超のいわゆる大規模法人であるが、この度解散することになった。解散事業年度は課税所得がマイナスとなり青色欠損金が発生しているが、解散事業年度の直前事業年度は課税所得が発生している。Ａ社は大規模法人であるので、解散事業年度であっても欠損金の繰戻しによる還付制度を利用できないか。

POINT	・大規模法人は、通常時は欠損金の繰戻還付制度を利用できないが、解散した場合は当該制度を利用することができる ・欠損金の繰戻還付制度は、法人税と地方法人税のみに適用され、住民税や事業税等の地方税には適用されない

誤認例	大規模法人は、解散事業年度であっても欠損金の繰戻しによる還付制度を利用できない。

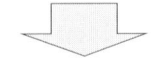

本当は	解散した場合は、法人の規模を問わず欠損金の繰戻しによる還付制度を利用することができる。

解　説

1　欠損金の繰戻しによる還付制度

　欠損金の繰戻しによる還付制度とは、青色申告書である確定申告書を提出する事業年度に欠損金額が生じた場合において、その欠損金額をその事業年度開始の日前1年以内に開始した事業年度に繰り戻して法人税額の還付を請求することができる制度です（法税80①）。

　欠損金の繰戻しによる還付請求書は欠損事業年度の青色申告書である確定申告書の提出期限までに同時に提出する必要があります（法税80①③⑨）。ただし、解散の場合には、解散の事実が生じた日以後1年以内に欠損金の繰戻しによる還付請求書を提出する必要があります（法税80④）。

　なお、当該制度は、法人税と地方法人税のみに適用され、住民税や事業税等の地方税には適用されません。

2　欠損金の繰戻しによる還付制度の適用対象

　当該制度は、令和8年3月31日までに終了する事業年度までは資本金1億円以下（資本金の額又は出資金の額が5億円以上の法人と完全支配関係がある会社を除きます。）の法人、いわゆる中小企業者等のみが適用対象となっています（租特66の12①）。ただし、解散した場合は、法人の規模を問わず当該制度を利用することができます（法税80①）。

3　結　論

　本事例において、A社は大規模法人ですが、解散事業年度に発生した青色欠損金であるため、欠損金の繰戻しによる還付制度を利用することができます。

【18】　破産手続開始の決定による解散の場合も、その後の事業年度は通常清算の場合と同じと考えてよい！？

　株式会社Ａ（以下「Ａ社」という。）は破産手続開始の決定により解散することになった。Ａ社は解散後の事業年度は解散の日の翌日から1年間と考えているが問題ないか。

POINT	・事業年度の開始の日から解散の日までが解散事業年度となる ・株式会社の解散の場合、原則として解散の日の翌日から1年後の日が事業年度終了の日となる ・ただし、合併や破産手続開始の決定による解散の場合は、定款で定めた事業年度の末日が事業年度終了の日となる

誤認例	破産手続開始の決定による解散であっても、解散後の事業年度は解散の日の翌日から1年間である。

本当は	破産手続開始の決定による解散の際には、解散後の事業年度は解散の日の翌日から定款で定めた事業年度の末日までである。

解　　説

1　解散事業年度

　内国法人が事業年度の中途において解散（合併による解散を除きま

す。）をした場合には、解散した日が事業年度終了の日となります（法税14①）。つまり、事業年度の開始の日から解散の日までが解散事業年度となります。

解散事業年度に関しては一般社団法人や一般財団法人、社会福祉法人といった株式会社以外の法人も共通です。

2　解散後の事業年度（清算中の事業年度）

内国法人が事業年度の中途において解散（合併による解散を除きます。）をした場合の解散後の事業年度は、原則として解散の日の翌日が開始日となります（法税14①）。

事業年度の終了の日は、法人の種類によって異なることになります。

まず、株式会社・一般社団（財団）法人・公益社団（財団）法人は、解散の日の翌日から1年後が事業年度終了の日となりますが（法基通1－2－9、会社494①、一般法人227①）、合併や破産手続開始の決定による解散の場合はこの適用がなく、原則として定款で定めた事業年度の末日が事業年度終了の日となります。

次に、NPO法人、宗教法人の場合は、原則として定款で定めた事業年度の末日が事業年度終了の日となります（NPO法11①十、宗法12①八）。

最後に社会福祉法人は3月31日が事業年度終了の日となります（社福45の23②）。

3　結　論

本事例において、A社は株式会社であり、破産手続開始の決定による解散のため、解散後の事業年度は解散の日の翌日から定款で定めた事業年度の末日までとなります。

（登記手続）

【19】 債権者保護手続に不備があったときでも、そのまま登記を申請してよい！？

　株式会社Ａ（以下「Ａ社」という。）は、解散後、知れている債権者に対して催告をしたものの、官報公告をしなかった。その後、債権申出期間が経過したが、清算結了の登記を申請することができるか。

POINT
- 官報公告は、清算株式会社が把握していない債権者に対して弁済の機会を与えるものであるため、清算手続においては必須である
- 登記手続上、官報公告をしたことを証する書面は清算結了の登記申請の添付書面ではない

誤認例	官報公告をしなかったとしても、知れている債権者に対する催告をし、清算株式会社が把握している当該債権者全員に対して弁済をした後であれば、清算株式会社は清算結了の登記を申請することができる。

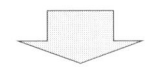

本当は	登記手続上、官報公告をしたことを証する書面は、清算結了の登記申請の添付書面ではないため、官報公告をしていなかったとしても、清算結了の登記は受理されるが、会社法上、清算株式会社の清算事務が終了したとはいえず、清算結了の登記を申請すべきではない。

解　　説

1　清算株式会社の債権者に対する公告及び催告

　株式会社が解散した場合は、清算人が、現務を結了して、債権の取立て及び債務を弁済し、残余財産を分配する必要があります（会社481）。そのため、清算株式会社は、会社法475条各号に掲げる場合に該当することとなった後、遅滞なく、当該清算株式会社の債権者に対し、一定の期間内にその債権を申し出るべき旨を官報に公告し、かつ、知れている債権者には、各別にこれを催告しなければなりません（会社499①）。

2　清算結了の登記

　清算事務が終了したときは、清算株式会社は、決算報告の承認の日から2週間以内に、その本店の所在地において、清算結了の登記をしなければなりません（会社929）。清算結了の登記の申請書には、会社法507条3項の規定による決算報告の承認があったことを証する書面を添付しなければなりませんが、官報公告をしたことを証する書面や知れている債権者に対する催告をしたことを証する書面は、添付書面とはされていません（商登75）。

　そのため、実務上、官報公告をすることなく、清算結了の登記申請をしようとしている清算株式会社があります。解散するに当たり、なるべく費用や手間をかけたくないという心情も理解できないわけではありませんが、官報公告は清算株式会社が把握していない債権者に弁済の機会を与えるものであり、官報公告をしていない清算株式会社は清算事務を終了したとはいえません。

3　結　論

　官報公告をしたことを証する書面は、清算結了の登記申請の添付書面とはされておらず、官報公告をしていなかったとしても、その登記申請について、商業登記法上の却下事由がない場合には、当該清算結了登記の申請は受理されますが、官報公告をしていないA社は清算事務が終了したとはいえず、清算結了の登記を申請すべきではありません。

【20】　清算結了登記後、清算株式会社を抵当権者とする抵当権設定登記の抹消登記を申請する際には、清算株式会社の登記記録を復活させなければならない！？

　相続財産清算人Ｘが被相続人所有の甲不動産を売却しようとしたところ、株式会社Ａ（以下「Ａ社」という。）を抵当権者とする抵当権設定登記が残っていることが判明した。Ｘが調査したところ、Ａ社は清算結了登記がなされ登記記録は閉鎖されていた。当該抵当権設定登記の抹消登記を申請するためには、Ａ社の登記記録を復活させた上で、抹消登記を申請する必要があるか。

POINT	・抵当権が実体上消滅しているかを確認する
	・抵当権が実体上消滅していない場合は、清算結了登記を抹消して、清算株式会社の登記記録を復活させ、清算株式会社の清算人と相続財産清算人との共同申請により、抵当権設定登記の抹消登記を申請する
	・抵当権が実体上消滅している場合は、清算結了当時の清算株式会社の清算人と相続財産清算人との共同申請により抵当権設定登記の抹消登記を申請することができる

誤認例	清算株式会社の登記記録を復活させなければ、抵当権設定登記の抹消登記を申請することができない

本当は	抵当権が実体上消滅していない場合は、清算結了登記を抹消して、清算株式会社の登記記録を復活させ、実体的な抵当権の消滅を経て、抵当権設定登記の抹消登記を申請しなければならないが、抵当権が実体上消滅している場合は、清算株式会社の登記記録を復活させることなく、清算結了当時の清算株式会社の清算人が当事者として抵当権設定登記の抹消登記を申請することができる。

解　説

1　清算の結了

　株式会社が解散した場合は、清算人が、現務を結了して、債権の取立て及び債務を弁済し、残余財産を分配する必要があります（会社481）。それらの清算事務が終了したときは、清算株式会社は、決算報告書を作成して、これを株主総会に提出し、又は提供し、その承認を受けなければならず（会社507③）、その承認の日から2週間以内に本店の所在地において、清算結了の登記をしなければなりません（会社929、商登75）。

2　抵当権が実体上消滅していない場合

　抵当権が実体上消滅していない場合は、清算株式会社は清算結了していなかった（債権の取立てが未了等）のですから、そもそも清算株式会社の法人格は消滅していません。その場合には、この清算結了登記を無効として抹消し、清算株式会社の登記記録を復活させる必要があります。そして、清算株式会社の清算人が被担保債権を取り立てるなどして、実体上、抵当権を消滅させた上で、抵当権者である清算株式会社の清算人と抵当権設定者である相続財産清算人との共同申請により当該抵当権設定登記の抹消登記を申請することになります。

3　抵当権が実体上消滅している場合

　抵当権が実体上消滅している場合は、清算株式会社の登記記録を復活させる必要はありません。清算結了当時の清算株式会社の清算人と相続財産清算人との共同申請により抵当権設定登記の抹消登記を申請することができます。

4　抵当権設定登記抹消の登記手続上のポイント

（1）　抵当権設定登記抹消登記の必要書類

　抵当権者は、被担保債権の弁済等により抵当権が消滅した場合、その時に所有者に対して抵当権設定登記抹消登記の必要書類（登記識別情報又は登記済証（以下「登記識別情報等」といいます。）を含みます。）を交付しているはずです。しかし、抵当権者が清算を結了してしまい、清算結了登記がなされてから長期間が経過しているときには、抵当権設定登記抹消登記の必要書類は所有者において廃棄されているものと思われます。また、相続財産清算人が選任されている場合には、生前に所有者が抵当権者から抵当権設定登記抹消登記の必要書類の交付を受けていたとしても、所有者が処分又は紛失している可能性もあり、相続財産清算人が探し出すことは困難です。

（2）　登記官の事前通知制度

　抵当権設定登記抹消登記の必要書類が紛失していた場合であっても、登記原因証明情報や登記委任状は清算人が再発行することができますが、抵当権設定登記の際に法務局から交付された登記識別情報等は、法務局が再発行をすることはできません。そうすると、抵当権設定登記抹消登記の申請の際、法務局に登記識別情報等を提供することができませんが、実務上、この場合には登記官の事前通知制度（不登23）により抹消登記をすることになるケースが多いと思われます。この制度は抹消登記申請後、登記官から清算人に対して、本抹消登記申請が

真実かどうかの照会が行われ、その照会に対して、清算人が間違いない旨の回答をすることにより、抹消登記が実行されます。

5　結　論

　相続財産清算人であるＸが甲不動産を売却しようとしたところ、清算結了登記がなされているＡ社を抵当権者とする抵当権設定登記が残っていたということですから、Ｘは、抵当権が弁済等により実体上消滅しているかを調査する必要があります（場合によっては、債務者であるＸが消滅時効を援用する旨の意思表示をすることも必要でしょう。）。

　Ｘによる調査の結果、抵当権が消滅していないことが判明した場合は、清算結了登記を抹消して、Ａ社の登記記録を復活させ、実体的な抵当権の消滅を経て、Ａ社の清算人とＸとの共同申請により、抵当権設定登記の抹消登記を申請することになります。抵当権が実体上消滅していることが判明した場合は、Ａ社の登記記録を復活させることなく、清算結了当時のＡ社の清算人とＸとの共同申請により抵当権設定登記の抹消登記を申請することができます。

《参考となる判例等》
○抵当権者である株式会社が解散し、その清算結了前に抵当権が消滅している場合で、当該抵当権設定登記の抹消登記がなされないまま清算結了しているときには、当該株式会社の閉鎖登記事項証明書又は閉鎖登記簿謄本を代理権限を証する情報として提供し、旧清算人を登記義務者とする抹消登記を申請することができるとした事例（登記研究784・116）
○株式会社が清算結了登記後において、清算結了前に株式会社が不動産を売却し、清算結了後に所有権移転登記をする場合、市区町村長の証明した代表清算人個人の印鑑証明書を添付して登記申請をすることができるとした事例（昭30・4・14民甲708、登記研究480・132）

【21】　みなし解散後10年を経過したため登記記録が閉鎖された会社は、そのまま放置してよい！？

　株式会社Ａ（以下「Ａ社」という。）は、最後の登記から12年を経過したので、登記官の職権によって解散登記がされた後、更に10年を経過し、登記記録が閉鎖された。登記記録が閉鎖された以上、Ａ社の法人格は消滅したものとして、このまま放置してよいか。

POINT	・清算株式会社は、清算事務を終了し、株主総会において決算報告が承認されることにより法人格が消滅し、清算結了の登記により登記記録が閉鎖される

誤認例	登記官の職権により解散登記がされ、その後10年を経過して、登記記録が閉鎖された以上、法人格は消滅したものとして、清算結了の登記を申請する必要もなく、このまま放置してよい。

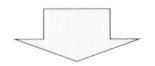

本当は	登記官の職権により解散登記がされて、その後10年を経過したため、登記記録が閉鎖されたとしても、実体上、清算株式会社の法人格は消滅していないので、法人格を消滅させるためには、当該清算株式会社が清算事務を終了させる必要がある。

解　説

1　休眠会社・休眠一般法人の整理

　株式会社であって、当該株式会社に関する登記が最後にあった日から12年を経過したものは休眠会社と呼ばれます（会社472①）。また、一般社団法人又は一般財団法人であって、当該一般社団法人又は当該一般財団法人に関する登記が最後にあった日から5年を経過したものは休眠一般法人と呼ばれます（一般法人149①・203①）。全国の法務局では休眠会社・休眠一般法人の整理作業が行われ、毎年10月頃、法務大臣によりその本店又は主たる事務所の所在地を管轄する登記所に事業を廃止していない旨の届出をすべき旨を官報に公告されると、管轄の登記所から休眠会社又は休眠一般法人に対してその旨の通知書が送付されることになります（会社472②、一般法人149②・203②）。この公告から2か月以内に役員の変更等の必要な登記の申請や、その本店又は主たる事務所の所在地を管轄する登記所に「事業を廃止していない旨の届出」がされないときには、実際に事業を継続していたとしても、みなし解散の登記がされることになります。この一連の手続を「休眠会社・休眠一般法人の整理作業」といいます。休眠会社・休眠一般法人を放置すると、①事業を廃止し、実体を失った休眠会社・休眠一般法人がいつまでも登記上公示されたままとなるため、登記の信頼を失いかねないこと、②休眠会社・休眠一般法人を売買するなどして、犯罪の手段とされかねないことといった問題があることから、平成26年度以降、毎年、休眠会社・休眠一般法人の整理作業を実施することとされました（法務省ウェブサイト：https://www.moj.go.jp/MINJI/minji06_00082.html（2024.10.15））。

2　みなし解散

　前記の法務大臣による官報公告から2か月以内に役員の変更等の必

要な登記の申請や、その本店又は主たる事務所の所在地を管轄する登記所に事業を廃止していない旨の届出をしなかった休眠会社又は休眠一般法人については、その 2 か月の期間の満了の時に解散したものとみなされ（会社472①、一般法人149①・203①）、登記官が職権で解散の登記をします（商登72、一般法人330）。そして、解散の登記をした後、10年を経過したときは、登記官は当該登記記録を閉鎖することができます（商登則81①一、一般法人登則 3 ）。

3　みなし解散後の継続

　「みなし解散」後であっても、 3 年以内に限り、株式会社は、株主総会の特別決議によって、株式会社を継続することができ（会社473・309②）、株式会社を継続したときは、その決議から 2 週間以内に、継続の登記の申請をする必要があります（会社927）。また、一般社団法人又は一般財団法人においても、「みなし解散」後、 3 年以内に限り、一般社団法人にあっては社員総会の特別決議（一般法人150・49②六）、一般財団法人にあっては評議員会の特別決議（一般法人204・189②五）によって、法人を継続することができます。ただし、株式会社、一般社団法人又は一般財団法人のいずれの法人であっても「みなし解散」後、 3 年を経過している場合には、それらの法人を継続させる必要が生じたとしても、もはや登記記録を復活させて継続することはできません。

4　清算株式会社に関するポイント

　清算株式会社は、最後に登記があった日から12年を経過し、法務大臣が当該株式会社に対し 2 か月以内にその本店所在地を管轄する登記所に事業を廃止していない旨の届出をすべき旨を官報に公告した場合、その届出をしないときは、その 2 か月の期間の満了の時に、解散したものとみなされるものの（会社472①）、その後 3 年以内であれば、

株主総会の特別決議により継続することはできます（会社473・309②）。みなし解散後10年を経過した場合は、登記官は当該登記記録を閉鎖することができます（商登則81①一）。

5　結　論

　清算株式会社の法人格は、清算事務を終了して、株主総会において決算報告の承認がなされることによって、清算結了により消滅し、清算が結了したときは、決算報告の承認の日から2週間以内に、その本店の所在地において、清算結了の登記をしなければなりません（会社929、商登75）。

　したがって、登記官が登記記録を閉鎖した場合であっても法人格が消滅するわけではありませんので、登記官の職権により解散登記がされて、その後10年を経過したため、登記記録が閉鎖されたとしても、実体上、A社の法人格は消滅していないので、法人格を消滅させるためには、A社が清算事務を終了させる必要があります。

第2　特別清算

＜概　説＞

1　特別清算の概要・特色、利用目的

（1）　概　要

特別清算は、株式会社にのみ認められた制度で、通常清算の特別類型です。清算株式会社が、資産を換価し、（協定）債権者に対して一定額の弁済を行った上で、（協定）債権者の同意を得て残債権の放棄（残債務の免除）を受けることにより、資産と負債をゼロにし、清算を完了させる手続です。

清算の遂行に著しい支障を来すべき事情があるとき、又は債務超過の疑いがあるときに裁判所の命令（決定）により開始され（会社510・514）、通常清算との連続性を保ったまま、破産手続を回避しつつ、裁判所の監督下での適正な清算事務の遂行を目的としています。

（2）　特　色

特別清算には、以下のような特色があります。

① 　原則として通常清算の清算人がそのまま特別清算の清算人に就任することにより解散前の事業や清算事務との連続性の確保が可能である（ＤＩＰ型の手続である）こと

② 　債権調査手続がなく、厳格な配当手続によらなくても債権者への弁済等が可能であること

③ 　債権者と個別に和解することが可能であること

④ 　債権者間に対立がある場合には、協定により多数決で清算手続の遂行が可能であること

⑤ 　少額債権については裁判所の許可を得て弁済することが可能であること

⑥　清算人報酬等の費用が低廉であること

⑦　破産手続に比べて信用毀損の程度が小さく、レピュテーションリスクを回避できること

　これらにより、破産手続に比べて簡易・迅速・柔軟な手続遂行が可能であるといわれています。

（3）　利用目的

ア　協定型（破産回避）

　協定型は、清算株式会社が債権者集会に対し、協定（協定債権者の権利の変更等を内容とする協定債権者との集団的な合意の手続）の申出をし、債権者の同意（出席した議決権者の過半数の同意かつ議決権者の議決権の総額の3分の2以上の議決権を有する者の同意）を得ることで残債権の放棄（残債務の免除）を受ける手続です（会社563・564・567①）。

　これにより、破産（に伴う経営の失敗の風評、レピュテーションリスク）を避けることができます。

イ　個別和解型、準協定型（事業再生の一環、対税型の利用）

　会社法は、協定型を原則として定めていますが、協定型で協定債権者の同意を得ることが容易ではないケースも多いため、実務上は全ての債権者との個別の和解により残債権の放棄（残債務の免除）を受ける個別和解型での特別清算の利用が多数を占めています（なお、協定の手続は経るものの、協定案に関して全ての債権者の同意が申立て前に得られている方式を準協定型といい、実質的には個別和解型と相違ありません。）。

　これは、事業再生の手法としての第二会社方式を用いる際に旧法人を清算させる手続として特別清算を利用することが一般的となっていることが原因と考えられます。この場面では、先行する私的整理手続

等によって、実質的に債権者の同意を取得済みであるため、全ての債権者との個別和解が可能になります。

　また、親会社が不採算子会社を清算させるときに税務上の理由（法基通9－6－1参照）で特別清算を選択する対税型の利用も、債権者は親会社のみであることが多く、個別和解型で処理されることが通常であることも原因と考えられます。なお、個別和解型では税務否認のリスクもあることから、準協定型によることもあります。

（4）　特別清算の利用が難しい事案

　特別清算の特色や利用目的の反面、大口の債権者が反対しているケースや債権者多数により同意の取得が難しいケース、優先する債権が多額で協定債権の一部弁済すら実現せず協定債権者からの同意の取得が難しいケース等では特別清算の利用は困難です。また、特別清算には、債権調査手続や否認権の制度がないため、債権の存否に争いがあるケースや否認権の行使によって散逸した財産の回復を要するケースでは、特別清算に馴染まないといえます。

2　解散の決議、清算手続の開始

　特別清算は、清算手続中の清算株式会社のみが利用できる手続ですので、申立て前に株式会社は解散しておく必要があります。

　法定されている株式会社の解散事由のうち、特別清算の利用を検討する際には、通常、株主総会の決議（会社471三）による解散が選択されます。併せて清算人の選任の決議も行うことが一般的です（会社478①三）。

　その後、通常清算手続の概説で解説した、①解散及び清算人の就任・選任の登記（会社926・928）、②所轄税務署等への解散及び清算人の就任・選任の届出、③清算の開始原因に該当することとなった日（通常は解散の日）における財産目録・貸借対照表の作成（会社492①、会社規144・

145)、株主総会での承認（会社492③・497②)、解散事業年度における確定
申告（法税74①)、④債権申出の官報公告、知れている債権者への各別の
催告（会社499①）等の債権者保護手続を行います。

3　特別清算開始の申立て

　特別清算開始の原因は、清算の遂行に著しい支障を来すべき事情が
あること、又は債務超過の疑いがあることです（会社510)。

　特別清算開始の申立権者は、債権者、清算人、監査役又は株主です
（会社511①)。清算株式会社には申立権はありません。

　清算株式会社に債務超過の疑いがあるときは、清算人は、特別清算
開始の申立てをしなければなりません（会社511②)。もっとも、個別和
解型の場合には、当初から特別清算開始の申立てを予定しているため、
解散の決議後、債権者保護手続を経て直ちに申立てを行うのが一般的
です。

　裁判所は、特別清算開始の原因があると認められれば、以下の①～
④の開始障害事由のいずれかに該当する場合を除き、特別清算開始の
命令（決定）をします（会社514)。

①　特別清算の手続の費用の予納がないとき

②　特別清算によっても清算を結了する見込みがないことが明らかで
　　あるとき

③　特別清算によることが債権者の一般の利益に反することが明らか
　　であるとき

④　不当な目的で特別清算開始の申立てがされたとき、その他申立て
　　が誠実にされたものでないとき

　特別清算における管轄裁判所は、原則として、清算株式会社の本店
の所在地を管轄する地方裁判所とされていますが（会社868①)、①子会
社の事件の管轄の特例（会社879①)、②孫会社の事件の管轄の特例（会

社879②)、③連結子会社の事件の管轄の特例（会社879④）が定められています。

　特別清算開始の申立ては、書面によってしなければならず（会社非訟規1）、2万円の手数料（印紙の貼用）を要します（民訴費3①・別表第1⑫）。また、これに加えて、申立人は裁判所の定める金額を予納しなければなりません（会社514一）。

　特別清算開始の申立て後、特別清算開始の命令（決定）が出るまでの間に清算株式会社の財産が散逸すること等を防止するため、清算株式会社の財産に関する保全処分として、①弁済禁止の保全処分、②処分禁止・占有移転禁止の仮処分等が認められています（会社540）。

　なお、一般的には、民事再生や会社更生と同様に、申立ての2週間前（遅くとも1週間前）には、申立書のドラフト等を裁判所に持参するなどして、裁判所と事前相談を行います。

4　特別清算開始の命令（決定）

　特別清算は、清算の遂行に著しい支障を来すべき事情があるか、債務超過の疑いがあるために採られる清算手続ですので、債務者の自治によってのみ手続を遂行させるのは適切ではなく、公平かつ誠実に行われなければなりません（会社523参照）。

　そのため、特別清算開始の命令（決定）後、清算株式会社は、一定の行為について裁判所の許可を得なければ行うことができず（会社535①・536）、債務の弁済についても制限されるなど（会社537）、清算人の清算業務は裁判所の監督の下で行われることになります（会社519①）。

　また、裁判所は、清算株式会社を監督させるため、監督委員を選任することができ（会社527①）、清算株式会社が一定の行為を行う場合には監督委員の同意を得なければならないものとすることができます（会社535①）。さらに、裁判所は、調査命令を発する場合には、調査委

員を選任することができます（会社533）。

　なお、大阪地方裁判所においては、協定型の場合は原則として調査委員兼監督委員が選任される運用となっています（個別和解型や準協定型の場合は通常選任されません。）。

5　特別清算事務の遂行

　特別清算開始の命令（決定）があった場合には、清算株式会社は、必要に応じて裁判所の許可を得た上で、財産の処分（資産の換価）を進めます（会社535①一・②一、会社非訟規33）。

　清算株式会社は、特別清算開始の命令（決定）後、遅滞なく、株主総会の承認を受けた財産目録等（会社492①③）を裁判所へ提出しなければならず（会社521）、また、清算人は、裁判所の命令に従い、毎月、業務及び財産の状況を報告しなければなりません。

　なお、清算株式会社等は、必要に応じて、役員等の責任追及・保全処分等の申立てをします（会社542～545）。

6　協定による債権者の同意の取得

（1）　協定案可決のための債権者集会

　清算株式会社は、資産の換価後（特別清算事務の遂行後）、協定債権者との間で、弁済及び債権の放棄（債務の免除）に関する合意をする必要があります。具体的には、清算株式会社は、協定債権者間で平等に定められた権利の変更に関する条項を定め、債権者集会に対し、協定の申出をすることとなります（会社563～565）（清算株式会社以外の利害関係人には協定の申出権はありません。）。協定の可決要件は、債権者集会に出席した議決権者の過半数の同意、かつ、議決権者の議決権の総額の３分の２以上の議決権を有する者の同意です（会社567①）。

（2）　協定の認可の申立て

　債権者集会において協定が可決されたときは、清算株式会社は、遅滞なく、裁判所に対し、協定の認可の申立てをしなければなりません（会社568）。可決とは別に裁判所による認可が必要とされる趣旨は、多数決によって決定された協定の効力が強制的に及ぶことになる少数債権者の利益の保護のためです。

　裁判所は、不認可の事由がある場合を除き、認可の決定をしなければなりません（会社569①）。不認可の事由は次のとおりです。

①　特別清算の手続又は協定が法律の規定に違反し、かつ、その不備を補正することができないものであるとき（会社569②一本文）

　　ただし、特別清算の手続が法律の規定に違反する場合において、当該違反の程度が軽微であるときは、この限りでないとされています（会社569②一ただし書）。

②　協定が遂行される見込みがないとき（会社569②二）

③　協定が不正の方法によって成立するに至ったとき（会社569②三）

④　協定が債権者の一般の利益に反するとき（会社569②四）

　協定は裁判所の認可の決定の確定により効力を生じます（会社570）。

　したがって、清算株式会社は、協定の確定後に協定を実行することになります。

7　個別の和解による債権者の同意の取得

　個別和解型の場合は、前記6の手続に代えて、全ての債権者との間で個別の和解を成立させ、その義務を履行することで、残債権の放棄（残債務の免除）を受けることになります。個別の和解には、裁判所の許可を要します（会社535①四）。

8　特別清算の終了

　特別清算開始後、特別清算が結了したとき、あるいは特別清算の必要がなくなったときには、裁判所は、申立てにより、特別清算終結の決定をします。申立権者は、清算人、監査役、債権者、株主又は調査委員です（会社573）。裁判所の職権で終結の決定をすることはできません。

　清算株式会社は、認可された協定に基づき弁済を完了した場合（協定型）や債権者との個別の和解等に基づき全ての債務の弁済を完了した場合（個別和解型）には、「特別清算が結了した」として、特別清算終結の決定を申し立てます（会社573一）。

　他方、後発的に特別清算開始の原因が消滅した場合や特別清算開始の原因がないことが特別清算開始後に判明した場合は、通常清算に移行させることが相当と認められるため、「特別清算の必要がなくなった」として、特別清算終結の決定を申し立てることになります（会社573二）。この場合、清算人は、移行した通常清算においても、引き続き清算人として手続を遂行することになります。

　裁判所は、特別清算終結の決定をした場合、直ちに、その旨を公告しなければなりません（会社902①）。終結の決定は、確定しなければその効力を生じないところ（会社902③）、公告の効力が生じた日（官報に掲載された日の翌日（会社885②））から起算して2週間の即時抗告期間の経過により確定します（会社902②）。

1　解散手続

【22】　債務超過が見込まれるときでも、解散してから詳細な財務状態を把握すればよい！？

　製造業を営む株式会社A（以下「A社」という。）は、売上げのほとんどを占める大口の得意先である株式会社B（以下「B社」という。）から、B社の発注体制の変更を理由に3か月後の取引の停止を通告された。A社は、B社との取引なしでは事業継続が困難であることに加え、A社の社長Cが高齢であること、後継者もいないことから、廃業を検討している。Cは、営業、製造に注力しており、必ずしも財務、経理に詳しくなく、詳細な財務状態を把握していないが、前年度の決算書を見ると金融機関の借入れだけで債務超過であることが確認できる。

　このような状況の下、Cから相談を受けた弁護士Xは、直ちに解散の手続を進めても問題ないか。

POINT	・債権者の同意を取得できるか否かを考えるためにも、早期の財務状態の把握は必要である
	・特別清算によっても清算を結了する見込みがないことが明らかであるとき、特別清算によることが債権者の一般の利益に反することが明らかであるときは、特別清算開始の障害事由となる

誤認例	特別清算開始の原因としては、債務超過の疑いがあれば足りるから、解散する時点で詳細な財務状態を把握しておく必要はない。

本当は	手続の選択に影響を与えるので、解散する時点では可能な限り詳細な財務状態を把握しておくことが望ましい。

解　説

1　特別清算開始の原因

　特別清算は会社法上の手続で、清算株式会社に①通常清算の遂行に著しい支障を来すべき事情があること、②債務超過の疑いがあることが開始原因として定められています（会社510）。

　このため、解散の決議の時点において、詳細な財務状態を把握せずとも単に債務超過の疑いを確認できさえすれば、制度上は特別清算の申立てが可能と考えられます。

2　債権者集会における多数決による債権者の同意又は個別の和解の必要性

　特別清算は債権者の同意を取得することにより、債務超過であっても最終的に資産と負債をゼロにして手続を終了させる必要があります。

　会社法が原則的な形態として予定している、いわゆる「協定型」の場合は、債権者集会における多数決による債権者の同意（出席した議決権者の過半数の同意及び議決権者の議決権の総額の3分の2以上の議決権を有する者の同意（会社567））を得た後、裁判所による協定の認可（会社569）を経て、協定を実行し、弁済を行います。

　また、「個別和解型」の場合でも文字通り個々の債権者との個別の和

解によって弁済することになります。

　このように、どのような方式であれ、最終的には債権者の同意を取得する必要がありますので、債権者の存否、債権者の有する債権の内容及び金額、債権者の数、予想される弁済額等を検討するため、手続の選択の時点や解散の時点においても可能な限り詳しく財務状態を把握することが望ましいといえます。

3　破産手続との比較

　債権者が協定の申出ないし個別の和解に応じられるのは、これに応じる方が、債務者が破産をする場合に比べて債権者にとって経済的に合理的であるということが説得的な理由として考えられます。

　その意味では、債権者の同意を取得していくための説得材料としても、債務者が仮に破産した場合の配当率（清算配当率）や、特別清算での協定ないし個別の和解に基づく弁済額を比較して説明することが望ましいといえます。

4　特別清算開始の障害事由の定め

　会社法514条には、以下のとおり、特別清算開始の障害事由が定められています。すなわち、特別清算の手続の費用の予納がないとき（会社514一）、特別清算によっても清算を結了する見込みがないことが明らかであるとき（会社514二）、特別清算によることが債権者の一般の利益に反することが明らかであるとき（会社514三）、不当な目的で特別清算開始の申立てがされたとき、その他申立てが誠実にされたものでないとき（会社514四）には、特別清算開始の申立ては却下されることになります。

　このうち、「特別清算によっても清算を結了する見込みがないことが明らかであるとき」とは、具体的には債権者の同意の見込みがない

ことが明らかなとき、協定が遂行される見込みがなく、個別の和解の見込みもないとき、弁済の見込みがないときのことをいいます。これらの場合には、特別清算を開始したとしても破産に移行するだけですので、特別清算開始の障害事由とされています。「特別清算によることが債権者の一般の利益に反することが明らかであるとき」とは、具体的には債務者が仮に破産した場合の配当率（清算配当率）を上回る弁済をする見込みがないことが明らかであるとき（清算価値保障原則に反することが明らかであるとき）等が考えられます。

5 結 論

　以上のように、債務者の財務状態は、手続の選択や手続を遂行するに当たっての重要な情報であるため、可能な限り早期に詳細を把握することが望ましいといえます。

　本事例において、Xは、A社の解散の手続を進めるに当たり、早急にA社の財務状態を把握する必要があります。

【23】　特別清算は通常清算よりも迅速に終了できる！？

　株式会社Aは、既に事業を縮小しており、債務は少額となっている。この度、廃業を決断することになったが、協定の申出に対する債権者の同意ないし個別の和解は可能な見通しであることから、通常清算か特別清算かいずれを選択すべきか検討している。

　通常清算と特別清算でスケジュールに違いは生じるか。

POINT	・特別清算に要する期間は、民事再生とは異なり標準的なスケジュールは設けられていないが、開始の決定から協定の申出に対する債権者の同意を経て、裁判所による協定の認可の決定が確定するまで、おおむね10か月程度である ・個別和解型又は準協定型の場合は、申立てから終結まで2、3か月程度である

誤認例	特別清算は、通常清算と比較しても手続的な負担は変わらず、スケジュールに大差はない。

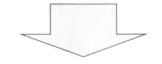

本当は	特別清算は、破産手続と比べれば、簡易・迅速・柔軟な手続ではあるが、裁判所の監督に服するものであるため、一般的には、通常清算よりも手続的な負担が大きい。

解　説

1　特別清算の流れ

　特別清算の流れは、概説で言及したとおりですが、協定型の場合は、通常清算と同様に、解散の決議、清算の公告等を経た上で、①申立て、②開始の決定（申立てから1週間〜10日程度）、③清算事務の遂行、④協定の申出（開始の決定から約6か月）、⑤債権者集会、⑥協定の認可の決定の確定、⑦終結となります。

　個別和解型の場合には、前記の④〜⑥が、和解契約締結許可の申立てと許可の決定の手続に代わることになります（会社535①四）。個別和解型や協定案に関して全債権者の同意が申立て前に得られている準協定型の場合には、申立てから終結まで、おおむね2、3か月程度で足ります。

　なお、特別清算は、あくまで、通常清算の特別類型として位置付けられており、特に規定がある場合を除き、通常清算の規定が適用されます。

2　破産手続との違い

　債務超過である株式会社は、本来的には通常清算から破産手続へ移行させ、裁判所の選任した破産管財人の下で手続を進めていくべきであるとも考えられます。しかし、破産手続の厳格さは、必ずしも全ての事案で適しているとはいえません。親子会社等の企業グループ間の債権債務の処理を目的とする場合や、事業再生の取組の後処理として残った株式会社を清算させるケース等で債権者の同意の取得が可能である場合等には、時間的及び費用的な問題をクリアし、より迅速かつ円滑な手続を利用する方が、債務者にとっても債権者にとっても合理的といえます。そこで、破産の前段階として、株式会社に限って特別

清算という制度が設けられ、破産よりも簡易迅速に株式会社を清算することができるようになっています。

3　通常清算との違い

　通常清算は、資産超過の場合に利用できる手続であり、最終的に、債権者にはその債務を全額弁済することになるので、債権者の平等や不当な財産処分の問題が顕在化することはありません。このような場合は、債務者自身の判断で清算を進めることでも問題はないことが通常です。

　他方、特別清算は、債権者の同意により債権を一部放棄してもらうことで清算していく手続であるため、債務者に自由に清算手続の実施を委ねるのは相当ではありません。そこで、特別清算は、手続の適正性を担保するため、破産手続ほど強力かつ主体的な関与ではないものの、後見的な観点で裁判所の監督に服することになっています。

4　結　論

　以上のように、破産手続ほど厳格ではないにせよ、債権者の利害に影響を与えることから、特別清算は裁判所の監督に服することとなり、一般的に、通常清算の場合よりもスケジュールは長くなります。

2　清算事務の遂行

【24】　特別清算開始の申立てに同意しない債権者がいても手続は進められる！？

　株式会社Ａ（以下「Ａ社」という。）は特別清算開始を申し立てたいと考えているが、一部の債権者が当該申立てに反対の意思を表明している。全ての債権者が同意していない場合であっても、特別清算を進めることはできるか。

POINT
　・個別和解型及び準協定型の特別清算では、申立てについて全ての債権者からの同意書の提出を求める運用の裁判所が多い
　・協定型の特別清算では、全ての債権者からの同意書の提出までは要求されないが、協定の可決の要件（出席した議決権者の過半数の同意及び議決権者の議決権の総額の３分の２以上の議決権を有する者の同意（会社567①））に相当する債権者からの同意書の提出を求められることがある

誤認例　全ての債権者の同意を得られているわけではないが、特別清算開始の原因が認められるため、特別清算を進めることができる。

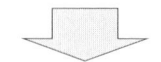

本当は　個別和解型及び準協定型の特別清算では、全ての債権者からの同意書の提出を求める運用の裁判所が多い。協定

型の特別清算では、協定の可決の要件に相当する債権者からの同意書の提出を求められることがある。

解　説

1　特別清算開始の申立てと障害事由

　特別清算開始の原因は、「清算の遂行に著しい支障を来すべき事情があること」又は「債務超過の疑いがあること」（会社510）であり、裁判所は、開始の原因がある場合においては、①「特別清算の手続の費用の予納がないとき」、②「特別清算によっても清算を結了する見込みがないことが明らかであるとき」、③「特別清算によることが債権者の一般の利益に反することが明らかであるとき」、④「不当な目的で特別清算開始の申立てがされたとき、その他申立てが誠実にされたものでないとき」のいずれかに該当する場合を除き、特別清算開始の命令（決定）を行うことになります（会社514）。そして、①ないし④の障害事由に該当する場合には、特別清算開始の申立ては却下されることとなります。

　そして、実務上は、前記②の障害事由（特別清算によっても清算を結了する見込みがないことが明らかであるとき）との関係において、特別清算開始の申立てに際し、当該申立てについての債権者からの同意書の提出を求める運用が行われています。

2　「特別清算によっても清算を結了する見込みがないことが明らかであるとき」と同意書の徴求

　会社法上、特別清算開始後、協定の見込みがない場合や協定の実行の見込みがない場合等において、清算株式会社に破産手続開始の原因となる事実があると認められるときは、裁判所が職権で破産手続開始の決定をしなければならないとされています（会社574①一二）。

　また、特別清算開始後、協定が否決された場合や協定の不認可の決定が確定した場合において、清算株式会社に破産手続開始の原因となる事実があると認められるときは、裁判所が職権で破産手続開始の決定をすることができるとしています（会社574②）。

　このように、特別清算開始後に清算の結了に至らないことが明らかになった場合の措置として破産手続が開始されることになりますが、特別清算を開始しても、結局のところ、破産手続が開始されることになるのであれば、当初から破産手続開始を申し立てさせるのが、時間的にも費用的にも債権者に資することになります。このような事態を未然に防ぐために、特別清算開始の障害事由が規定されています。

　つまり、「特別清算によっても清算を結了する見込みがないことが明らかであるとき」とは、個別の和解による弁済の可能性がないか、協定が成立する見込みがない又は協定が成立したとしてもその実行の見込みがないことが明らかなときを意味しており、具体的には、大口の債権者や債権者の多数が特別清算に反対するなどして個別の和解又は協定が成立する見込みがないことが明らかであったり、公租公課の滞納が多額にあり、これを弁済するに足りるだけの資産がない場合等がそれに当たります。

　そのため、当該障害事由との関係で、個別和解型及び準協定型の特別清算では、申立てについて全ての債権者からの同意書の提出を求める運用の裁判所が多く見受けられます。

　一方、協定型の特別清算においては、当初、特別清算に反対していた債権者が、特別清算の手続中に、清算に至った経緯や資産及び負債の状況、協定案の内容について改めて説明を受けたり、他の債権者の意見等を踏まえたりすることで、これまでの態度を変更し、最終的に協定案に賛成することも少なくないことから、全ての債権者からの同意書の提出までは必要とされていません。

　ただし、裁判所によっては、協定型の特別清算においても、議決権者の議決権の総額の3分の2以上の議決権を有する者が特別清算を遂行することに強固に反対の意思を表明しており、撤回の可能性がないような場合に、およそ協定の可決の要件（出席した議決権者の過半数の同意及び議決権者の議決権の総額の3分の2以上の議決権を有する者の同意（会社567①））を満たさず、協定の可決に至らないことが明らかであるとして、少なくとも、特別清算開始の申立時に議決権者の議決権の総額の3分の2以上の議決権者からの同意書の提出を求める場合があります。

　その一方で、あくまでも協定型の特別清算においては、手続内で行われる債権者への説得・交渉による協定の可決の可能性を重視し、申立時点で同意書の提出を求めない裁判所もあります。

　このように、実務上は、裁判所によって運用が異なることがあるため（特に協定型）、特別清算開始の申立てにおいては、事前に確認することが重要です。

3　個別和解型及び準協定型における留意点

　個別和解型及び準協定型の特別清算では、特別清算開始の申立てに対する同意だけでなく、個別和解型については和解案、準協定型については協定案の内容に関する同意の趣旨であるか確認をする必要があります。

　そのため、裁判所から要請があった場合には、必要に応じて、和解案や協定案の内容についての同意書を提出する必要があることには留意しましょう。また、協定型の特別清算であっても、事案に応じて、協定案の原案に同意するという協定案の内容についての同意書を提出する必要が生じるため、この点についても、裁判所に事前に確認することが非常に重要です。

4　結　論

　A社が、個別和解型及び準協定型の特別清算の開始を申し立てる場合には、実務上、全ての債権者からの同意書を提出する必要があります。このため、全ての債権者が特別清算の開始を申し立てることに同意していないと個別和解型及び準協定型で手続を進めることは困難であるといえます。

　一方、協定型の特別清算の開始を申し立てる場合には、全ての債権者からの同意書を提出することは必要とされていませんが、裁判所によっては、特別清算における協定の可決の要件を満たすだけの債権者からの同意書の提出を求められることがあり、反対している債権者の数によっては手続を進めることが困難となる場合があります。

　いずれにしても、特別清算の開始を申し立てる場合には、債権者の理解を得つつ進めることが肝要であるといえます。

【25】　債権放棄（債務免除）に反対する債権者や保証債務が残っている債権者がいる場合、個別和解型の特別清算でも何ら支障はない！？

　株式会社A（以下「A社」という。）は解散の決議をし、A社の代表取締役であったXが代表清算人に選任された。A社の債権者として複数の金融機関が存在するが、うちB銀行は債権額が少額であるにもかかわらず、A社に債権放棄（債務免除）を行うことについて反対している。また、Xは、A社のC銀行からの借入金を連帯保証しているが、当該保証債務を分割弁済することについてC銀行と合意している。

　この場合、個別和解型の特別清算により手続を進めることについて何ら支障はないか。

| POINT | ・個別和解型の特別清算により手続を進めるためには、全ての債権者から債権放棄（債務免除）について同意を得る必要がある
・個別の和解による債権放棄（債務免除）を行った場合、附従性により保証債務も消滅する |

| 誤認例 | 債権放棄（債務免除）に反対する債権者や、保証債務が残っている債権者が存在しても、個別和解型の特別清算により手続を進めることに支障はない。 |

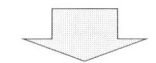

| 本当は | 債権放棄（債務免除）に反対する債権者や、保証債務が残っている債権者が存在する場合、個別和解型の特別清 |

> 算により手続を進めることは難しく、協定型の特別清算
> により手続を進めるべきである。

解　説

1　債権放棄（債務免除）に反対する債権者が存在する場合の対応

　特別清算は、通常、株式会社の資産及び負債を最終的にゼロにして清算を結了させることを目的とする手続ですが、基本的に債務超過の株式会社を対象としているため（会社511②）、資産の額を超過し弁済をすることができない債務をゼロにする必要があり、そのために法が規定している手続が「協定」です。協定は、協定債権者の権利の全部又は一部の変更に関する条項を定めるものであり（会社564①）、債権者集会に出席した議決権者の過半数の同意及び議決権者の議決権の総額の3分の2以上の議決権を有する者の同意を得ることで債権者集会において可決され（会社567①）、その上で裁判所から認可の決定を受け（会社569①）、これが確定することで効力を生じ（会社570）、これによる債権放棄（債務免除）等の効力は清算株式会社及び全ての協定債権者に対して効力を有することになります（会社571①）。これを協定型の特別清算といいます。

　一方で、より簡易・迅速な手続として、裁判所の許可を得て、全ての債権者との間で個別に和解することで、協定を経ることなく債務をゼロにすることも認められており（会社535①四）、これを個別和解型の特別清算といいます。

　もっとも、個別和解型の特別清算は、債権放棄（債務免除）等の内容について全ての債権者から同意を得る必要がありますので、1人でも反対する債権者がいる場合には手続を進めることができません。こ

の場合、前記の協定の可決の要件を達成することができる見込みがあれば、協定型の特別清算により多数決の原理にのっとって手続を進めることが考えられます。

2　保証債務が残っている債権者が存在する場合の対応

　協定型の特別清算により手続を進める場合、協定の効力は、協定債権者が清算株式会社の保証人に対して有する権利に影響を及ぼしません（会社571②）。

　よって、清算株式会社の債務について保証債務が残っている債権者が存在する場合であっても、特に留意することなく手続を進めることが可能です。

　一方で、個別和解型の特別清算により手続を進める場合、債権者と清算株式会社との間で個別の和解が成立することで、保証債務の附従性（民448）により保証債務も消滅してしまいますので、将来的に保証債務の回収を予定している債権者からすれば、個別の和解を受け入れられないことは明らかです。

　したがって、清算株式会社の債務について保証債務が残っている債権者が存在する場合には、債権者が保証債務の消滅についても容認しているような例外的な場合を除き、個別和解型の特別清算により手続を進めることはできず、協定型の特別清算により手続を進める必要があります。

3　結　論

　本事例において、A社は、債権者であるB銀行から債権放棄（債務免除）について反対されており、個別の和解を行うことは困難です。

　よって、他の債権者の状況から、協定の可決の要件を達成することができる見込みがあるのであれば、協定型の特別清算により手続を進

め、協定に基づいて全ての協定債権者から債権放棄（債務免除）を受けて特別清算を完了させることが考えられます。

　また、本事例において、A社の債権者であるC銀行は、A社の保証人であるXから保証債務の分割弁済を受けることを合意していますので、保証債務が附従性により消滅する個別和解型の特別清算を受け入れるとは考えられません。

　したがって、C銀行が保証人であるXに対して有する権利に影響を及ぼさないよう手続を進める必要があるという点からも、本事例においては、協定型の特別清算により手続を進め、特別清算を完了させるべきであるということができます。

【26】　特別清算開始に伴い調査委員や監督委員は常に選任される！？

　株式会社Ａ（以下「Ａ社」という。）は、株主総会の決議を経て解散することになったが、債務超過の疑いがあることから、清算人が特別清算開始を申し立てる予定である。

　特別清算開始の申立てに際して、Ａ社の債権者から特別清算開始の申立てや債権者への弁済額等について特段内諾や了解を得ていないが、特別清算手続の中で債権者から協定案への同意を取得すればよいから、直ちに調査委員や監督委員が選任されることはないか。

POINT
- 特別清算手続では、第三者機関として調査委員や監督委員の制度が設けられているところ、一部の裁判所（例えば大阪地方裁判所）では、純然たる個別和解型の場合や全ての債権者との間で個別に和解が成立する蓋然性の疎明があった場合以外のケースは、原則として調査委員や監督委員（これらを兼任することもあり得る。）を選任する運用がなされている
- 協定型として特別清算手続の進行を予定している場合に加え、一部の債権者との間で個別の和解の成立の蓋然性が疎明できない場合等には、調査委員や監督委員（これらを兼任することもあり得る。）が選任される可能性もあるから、申立て予定の裁判所の運用や取扱いを確認すべきである

| 誤認例 | 特別清算開始の決定に伴い調査委員や監督委員が選任されることはまれであり、通常、選任されることはない。 |

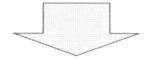

| 本当は | 一部の裁判所では、純然たる個別和解型の場合や全ての債権者との間で個別に和解が成立する蓋然性の疎明があった場合以外のケースは、原則として調査委員や監督委員（これらの兼任もあり得る。）を選任する運用がなされている。 |

解　説

1　特別清算手続における調査委員・監督委員の制度

　特別清算手続においては、調査委員や監督委員の制度が設けられています。具体的には、調査委員は、清算人、監査役、債権の申出をした債権者その他清算株式会社に知れている債権者の債権の総額（担保権の行使によって弁済可能な債権の額は算入しません。）の10分の1以上に当たる債権を有する債権者若しくは総株主（株主総会決議事項の全部につき議決権を行使できない株主を除きます。）の議決権の100分の3（定款で変更可）以上の議決権を6か月（定款で短縮可）前から引き続き有する（非公開会社の場合には「有する」となります。）株主若しくは発行済株式（自己株式を除きます。）の100分の3（定款で変更可）以上の数の株式を6か月（定款で短縮可）前から引き続き有する（非公開会社の場合には「有する」となります。）株主の申立て又は裁判所の職権により選任され、裁判所の調査命令において調査を命

じられた事項を調査し報告することを職務とします（会社522・533）。また、監督委員は、裁判所の職権により選任され、主として清算株式会社の行為のうち要許可事項についての裁判所の許可に代わる同意権限を付与するために選任されます（会社527①・535①ただし書）。

　いずれも、特別清算手続において、裁判所から必ず選任される機関ではなく、一般的な解説においては、選任されるケースは必ずしも多くないなどといわれています。

2　調査委員・監督委員が選任される場合

　個別和解型ではなく、協定型として特別清算手続の進行を予定している場合等には、一部の裁判所の運用上、調査委員や監督委員（これらを兼任することもあり得ます。）が選任される場合もありますので、この点には注意が必要です。

　例えば、大阪地方裁判所では、純然たる個別和解型の場合や全ての債権者との間で個別に和解が成立する蓋然性の疎明があった場合以外のケースは、原則として調査委員や監督委員を選任する運用がなされているようです（もっとも、同一の弁護士が調査委員兼監督委員として選任されることも少なくないとされています。）。

　このように、裁判所の運用や、当該個別の事案によっては、調査委員や監督委員が選任される場合もありますので、留意が必要です（調査委員や監督委員が選任される場合には、通常、予納金等裁判所に納付を要する金額もその分高額になることが予想されます。）。

3　結　論

　A社においては、特別清算開始の申立てや債権者への弁済額等について特段債権者の内諾や了解を得ていないとのことですので、一部の

裁判所の運用によれば調査委員や監督委員が選任される可能性があるといえます（これらを兼任することもあり得ます。）。

　調査委員や監督委員の選任予定の有無によって特別清算手続に要する費用も異なりますので、特別清算開始の申立てを予定している場合には、申立て予定の裁判所の運用や取扱いを事前に確認したり、場合によっては申立て予定の裁判所に事前相談を行ったりすることが必要になると思われます。

【27】　議決権行使書面に必要事項が記入されていれば、当然に議決権の行使が認められる！？

　株式会社Ａ（以下「Ａ社」という。）は、協定型の特別清算を行うこととなった。

　協定債権者である株式会社Ｂ（以下「Ｂ社」という。）は、Ａ社の特別清算において、債権申出書を提出する際に資格証明書を提出したが、資格証明書の提出後、代表者が別の者に変更された。

　Ｂ社としては、代表者ではなく従業員が債権者集会に出席して議決権を行使する意向であるが、議決権行使書面の記入及び提出につき、どのような点に注意しなければならないか。

POINT	・議決権行使書面には、法定の必要事項を記入する必要がある ・議決権行使書面に押印する印鑑は、債権申出書と同じものを使用しなければならない ・協定債権者が法人の場合、議決権行使書面以外に資格証明書の提出が必要となる場合があり、また、代表者以外の者が債権者集会に出席して議決権を行使するには、議決権行使書面以外に委任状の提出が必要となる場合がある

誤認例	債権申出書とあわせて提出した資格証明書の内容から変更があっても、債権申出時点の資格を証明する書類が添付されていればよく、議決権行使書面以外に資格証明書の提出は不要である。

> 法人である協定債権者の従業員が債権者集会に出席する場合、必要事項を記入した議決権行使書面を持参しさえすれば、議決権の行使が可能である。

本当は	債権申出書とあわせて提出した資格証明書の内容から変更がある場合、議決権行使書面以外に資格証明書の提出が必要となる。 また、法人である協定債権者の代表者でない従業員が債権者集会に出席して議決権を行使するには、議決権行使書面以外に委任状の提出が必要となる場合がある。

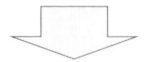

解　説

1　議決権行使書面の記載事項

　協定型の特別清算手続における議決権行使書面には、①各議案についての同意の有無（棄権の欄を設ける場合にあっては、棄権を含みます。）を記載する欄、②協定債権者が同一の議案につき重複して議決権を行使した場合において、当該同一の議案に対する議決権の行使の内容が異なるものであるときにおける当該協定債権者の議決権の行使の取扱いに関する事項を定めるときは、当該事項、③各議案についての同意の有無を記載する欄に記載がない議決権行使書面が招集者に提出された場合における各議案についての賛成、反対又は棄権のいずれかの意思の表示があったものとする取扱いの内容、④議決権の行使の期限、⑤議決権を行使すべき協定債権者の氏名又は名称及び当該協定債権者の有する各協定債権について債権者集会における議決権の行使の

許否及びその額を記載しなければなりません（会社規155①）。

　なお、同一の債権者集会に関して協定債権者に対して提供する議決権行使書面に記載すべき事項（ただし、会社法施行規則155条1項2号から4号に掲げる事項に限られます。）のうち、招集通知の内容としている事項がある場合には、当該事項を議決権行使書面に記載する必要はありません（会社規155④）。もっとも、当該招集通知の内容としている事項を議決権行使書面に重複して記載しても問題はありませんので、実務上は、議決権行使書面にも招集通知の内容を重複して記載する取扱いがなされています。

2　議決権行使書面に押印する印鑑

　実務上、申出債権者と議決権行使者の同一性を確認するため、議決権行使書面に押印する印鑑は、債権申出書に押印した印鑑と同じものを使用しなければならないとされています。

　債権申出書に押印した印鑑と異なる印鑑を議決権行使書面に押印する場合、印鑑証明書を添付する必要があります。

3　協定債権者が法人の場合の取扱い

　協定債権者が法人の場合、議決権行使書面に加えて資格証明書を提出する必要があります。ただし、既に債権申出書に資格証明書を添付して提出していた場合には、その提出は不要です。もっとも、当該提出済みの資格証明書の内容に変更（例えば、本店所在地、代表者及び商号等の変更）がある場合には、再度の提出が必要です。

　また、協定債権者が法人の場合、代表者以外の者が債権者集会に出席して議決権を行使するには、議決権行使書面以外に委任状が必要となる場合があります。実務上は、委任状と議決権行使書面を一体とする書面を作成する取扱いや、議決権行使書面の原本を持参すれば委任状を不要とする取扱いもなされています。

4　議決権行使書面の記入及び提出方法に関する説明書類

　議決権行使書面の記入及び提出方法については、様々な点に留意しなければならず、議決権行使書面の記入及び提出方法について何ら説明がない場合には、協定債権者から議決権行使書面の記入及び提出方法について問合せがなされる可能性が高くなります。

　そのため、例えば、議決権行使書面の記入例等、議決権行使書面の記入及び提出方法に関する説明書類を議決権行使書面に同封することが望ましいです。

5　結　論

　B社が債権申出書とあわせて提出した資格証明書の内容に変更（代表者の変更）がありますので、B社は、議決権行使書面に加えて資格証明書の提出が必要となります。

　また、代表者の変更に伴い、債権申出書と議決権行使書面に押印した印鑑が異なることとなりますので、B社は、印鑑証明書の提出が必要となります。

　さらに、代表者でないB社の従業員が債権者集会に出席して議決権を行使するには、委任状や議決権行使書面の原本の提出が必要となる場合がありますので注意しましょう。

【28】　債権者集会には、代表清算人本人が出頭しなければならない！？

　株式会社Ａ（以下「Ａ社」という。）は解散の決議をし、Ａ社の代表取締役であったＸが代表清算人に選任された。Ａ社は債務超過であったことから、Ｘは特別清算開始の申立てを行い、裁判所により特別清算の開始が命じられた。また、Ｘは、Ａ社の私的整理手続における代理人であったＹを清算人代理に選任し、裁判所の許可を得た。

　その後、特別清算手続が進行し、債権者集会が開催されることとなった。代表清算人であるＸは、必ず債権者集会に出頭しなければならないか。

POINT	・債権者集会には清算人が出頭する必要があると考えられる ・清算人代理には、清算人の職務に関する包括的な権限が与えられている

誤認例	代表清算人は、清算人代理が選任されている場合であっても、必ず債権者集会に出頭しなければならない。

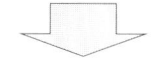

本当は	清算人代理が選任されている場合は、清算人代理が債権者集会に出頭すれば、代表清算人は債権者集会に出頭しなくてもよい。

解　説

1　債権者集会への清算人の出頭の要否

　特別清算手続における債権者集会は、清算人による清算株式会社の業務及び財産の状況の調査の結果等の報告（会社562）、協定案の決議（会社563）等を目的として招集される会議体です。債権者集会は、原則として清算株式会社が招集します（会社546②）。また、限定的な場合に債権者による招集が認められていますが（会社547③）、他の倒産手続における債権者集会等とは異なり、裁判所が招集するものとはされていません。そのため、特別清算手続における債権者集会は、債権者と債務者（清算株式会社）との間での自主的な会議体としての性質を有します（松下淳一＝山本和彦編『会社法コンメンタール13─清算（2）』168頁（商事法務、2014））。

　債権者集会は裁判所が指揮するものとされていますが（会社552）、前記のような債権者集会の性質からすれば、その具体的な進行は特別清算手続の主体である清算株式会社において対応すべきものですので、公平かつ誠実に清算事務を行う義務を負う清算人（会社523）が、債権者集会に出頭する必要があると考えられます。債権者集会の議事については、招集者において議事録を作成する義務がありますが（会社561）、議事録には「債権者集会に出席した清算人の氏名」を記載することが求められており（会社規158③五）、この条文の記載からも、債権者集会には清算人が出頭することが前提になっているということができます。

2　清算人代理の権限

　清算人は、必要があるときは、その職務を行わせるため、裁判所の許可を得て、清算人代理を選任することができます（会社525）。ここで

の代理とは、破産手続における破産管財人代理（破産77）と同じく、清算人の職務に関する包括的な権限が与えられる者であって、個別の行為の代理人や事実行為についての補助者ではありません（鈴木規央『詳解特別清算の実務　手続・書式のすべて』114頁（中央経済社、2023））。

　その選任について裁判所の許可を要しない個別行為の代理人において債権者集会に出頭した場合に、清算人本人が債権者集会に出頭しなくてもよいかどうかは疑問がありますが、少なくとも、清算人と同様の義務・責任を負い、前記のとおり清算人の職務に関して包括的な権限を有する清算人代理が債権者集会に出頭した場合においては、清算人本人が債権者集会に出頭する必要はないものと考えられます。

3　結　論

　本事例においては、個別行為の代理人ではなく、清算人代理としてYが選任されていますので、Yが債権者集会に出頭すれば、代表清算人であるXが債権者集会に出頭する必要はありません。

　ただし、特別清算手続においては、協定等に基づいて債権者に対し債権放棄（債務免除）を求めることが通常であり、協定等の内容に同意してもらうため、代表清算人本人が特別清算手続に真摯に対応していることを債権者に示す必要があることから、一般的には、清算人代理が選任されている場合であっても、代表清算人本人に債権者集会に出頭してもらうことが多いと考えられます。

【29】　債権者集会では、出席した議決権者の議決権の総額の過半数の同意が得られれば協定が可決される！？

　清算株式会社Ａ（以下「Ａ社」という。）が、特別清算において協定を可決する旨の決議のために債権者集会を招集したところ、多数の欠席者が出たが、最終的には、出席した議決権者の過半数と出席した議決権者の議決権の総額の２分の１を超える議決権を有する者の同意を得ることができた。いずれにおいても過半数の同意を得られたので、協定は可決されたといえるか。

POINT	・協定の可決又は協定の内容の変更を可決するためには、①出席した議決権者の過半数の同意と②議決権者の議決権の総額の３分の２以上の議決権を有する者の同意が必要となる

誤認例	出席した議決権者の過半数の同意と出席した議決権者の議決権の総額の２分の１を超える議決権を有する者の同意が得られたのであれば協定は可決される。

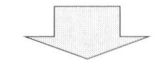

本当は	出席した議決権者の過半数の同意と議決権者の議決権の総額の３分の２以上の議決権を有する者の同意を得なければ、協定は可決されない

解　説

1　債権者集会における議決権

　債権者集会においては、協定債権者のみが議決権を有するところ、清算株式会社が債権者集会を招集する場合には、清算株式会社は、各協定債権について債権者集会における議決権の行使の許否及びその額を定めなければならないとされています（会社548②）。また、清算株式会社以外の者が債権者集会を招集する場合には、その招集者は、清算株式会社に対し、各協定債権者について議決権の行使の許否及びその額を定めることを請求しなければならず、同請求を受けた清算株式会社は当該事項を定めなければならないとされています（会社548③）。

　清算株式会社が、債権者集会の招集に先立って、協定債権者の申出債権額を基準として議決権額を定めます。原則として、債権額1円につき1議決権となります。

　なお、債権額については、利息・遅延損害金も債権額に含まれるべきである一方で、特別清算においては、他の倒産手続と異なり、一定の基準日によって債権の範囲を画するという考え方が採られていないため、いつの時点までの利息・遅延損害金を含むべきかという問題があります。この点、原則として、債権額（利息・遅延損害金）の終期は債権者集会の日となるべきですが、実務上は、債権者集会前の一定の日（例えば、解散した日や特別清算開始の命令の日の前日等）を基準日として協定債権の額を算定している場合が多いです。

　また、協定債権者が申し出た一定の基準日における債権額と異なる議決権額を定める場合には、円滑に進めるため、当該協定債権者に対し、事前に説明・協議するなどして、できるだけ債権額や議決権額について異議が出ないようにした上で債権者集会に臨みましょう。

2　債権者集会における決議

　債権者集会において決議をする事項を可決するには、次に掲げる同意を得る必要があります（会社554①）。

① 　出席した議決権者の過半数の同意

② 　出席した議決権者の議決権の総額の2分の1を超える議決権を有する者の同意

　ただし、債権者集会において、協定を可決する場合や協定の内容の変更を可決する場合には、次に掲げる同意を得る必要があります（会社567①・572）。

① 　出席した議決権者の過半数の同意

② 　議決権者の議決権の総額の3分の2以上の議決権を有する者の同意

　協定の可決のために必要な前記②の要件は、出席した議決権者の議決権の総額ではなく、議決権を行使できる協定債権者の議決権の総額が基準となっているため、協定債権者が欠席し、投票を行わない場合においては、反対投票と同じ効果を生じさせることになります。

3　議決権の行使方法

（1）　議決権の代理行使

　協定債権者は、債権者集会において出席し、自ら議決権を行使することができます。ただし、代理人によっても議決権を行使することができるとされており、当該協定債権者又は代理人が代理権を証明する書面を招集者に提出することで代理行使が可能となります（会社555①）。代理権を証明する書面として、通常、委任状及び印鑑証明書の提出が求められます。なお、招集者の承諾を得て、代理権を証明する書面の提出に代えて、当該書面に記載すべき事項を電磁的方法により提

供することができ、この場合、当該協定債権者又は代理人は、代理権を証明する書面を提出したものとみなされます（会社555③）。

（2）　書面による議決権の行使

債権者集会に出席しない協定債権者は、書面によって議決権を行使することができます（会社556①）。書面による議決権の行使は、議決権行使書面に必要な事項を記載し、書面による議決権行使の期限までに、議決権行使書面及び印鑑証明書を提出して行います（会社556②、会社規156）。書面によって議決権を行使した議決権者は、債権者集会に出席したものとみなされ（会社556③）、可決要件に関する規定の適用を受けることができます（会社554①・567①）。

（3）　電磁的方法による議決権の行使

招集者が、債権者集会に出席しない協定債権者が電磁的方法によって議決権を行使することができる旨を定めた場合には（会社548①三）、協定債権者は債権者集会に出席することなく、電磁的方法により議決権を行使することができます。電磁的方法による議決権の行使は、招集者の承諾を得て、電磁的方法による議決権行使の期限までに、議決権行使書面に記載すべき事項を、電磁的方法により当該招集者に提供して行います（会社557①）。そして、書面による議決権の行使と同様、電磁的方法によって議決権を行使した議決権者は、債権者集会に出席したものとみなされ（会社557③）、可決要件に関する規定の適用を受けることができます（会社554①・567①）。

このように協定債権者は債権者集会に出席することなく、議決権を行使することができますので、特に、協定の可決に関する議決権行使においては、代理行使、書面又は電磁的方法による議決権行使を利用して、賛成の投票を容易にしておくことが重要です。

4　結　論

　A社が開催した債権者集会においては、多数の欠席者が出ているため、協定債権者の議決権の総額の3分の2以上の議決権を有する者の同意の要件を満たしていません。この結果、A社の協定は可決されたことにはなりません。このような事態にならないよう、あらかじめ出席できない協定債権者に対しては、代理行使、書面又は電磁的方法による議決権行使を利用して、賛成の投票をしてもらうべく対応しておきましょう。

【30】　特別清算を利用すれば、個別和解型であっても債権者は当然に貸倒損失として処理することができる！？

　株式会社A（以下「A社」という。）は、株式会社B（以下「B社」という。）の完全子会社であるが、経営不振が続いており、B社からの借入金により事業を維持しているものの、債務超過の状態である。A社には収益改善の可能性はあるが、先行きは不透明であるため、廃業し、B社からの借入金について債権放棄（債務免除）を受けることで清算を完了させる方針となった。

　A社は廃業後、B社からの借入金以外の全ての債務を弁済した上で解散し、特別清算において、個別の和解によりB社からの借入金について債権放棄（債務免除）を受けた。

　この場合、B社において、個別の和解での債権放棄（債務免除）の額を貸倒損失として損金算入し、法人税の確定申告を行うことに問題はあるか。

> POINT
>
> ・個別の和解による債権放棄（債務免除）は、法人税基本通達9－6－1（2）が定める「特別清算に係る協定の認可の決定があった場合」に文言上該当せず、この場合に準じて貸倒損失の損金算入を認めることもできない
>
> ・個別の和解による債権放棄（債務免除）が、法人税基本通達9－6－1（4）が定める「債務者の債務超過の状態が相当期間継続し、その金銭債権の弁済を受けることができないと認められる場合」に該当するかどうかは、各種事情を踏まえて総合的に判断される

誤認例	個別の和解による債権者の債権放棄（債務免除）の額は、当然にその全額を貸倒損失として損金算入することができる。

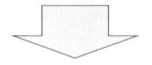

本当は	個別の和解による債権者の債権放棄（債務免除）の額は、協定による債権放棄（債務免除）と異なり、当然にその全額を貸倒損失として損金算入することができるわけではなく、各種事情から債権の全額が回収不能であることが客観的に明らかである場合にのみ損金算入が認められる。

解　説

1　債権放棄（債務免除）の額が貸倒損失に該当し損金算入が認められる場合

　法人による債権放棄（債務免除）は、債権が回収不能であると認められる場合に、一般に公正妥当と認められる会計処理の基準に従って計算された金額について、貸倒損失として税務上の損金算入をすることができるものとされています（法税22③三・④）。そして、貸倒損失の計上が認められるための事実等は、法人税基本通達9－6－1～9－6－3に具体的に列挙されており、実務上はこの規定を拠りどころとして貸倒損失として計上することの可否が判断されています。

2　特別清算における債権放棄（債務免除）が貸倒損失として処理できる場合

　特別清算における債権放棄（債務免除）については、法人税基本通

達 9 － 6 － 1 （ 2 ）に定めがあり、「特別清算に係る協定の認可の決定があった場合において、この決定により切り捨てられることとなった部分の金額」は、貸倒れとして損金の額に算入するとされています。このとおり、協定型の特別清算において認可の決定を受けた協定に基づいて債権を放棄（債務を免除）した債権（債務）の額については、貸倒損失としての処理が可能であることは明らかです。

　一方で、個別和解型の特別清算において当事者間の個別の和解に基づいて債権を放棄（債務を免除）した債権（債務）の額について、前記の通達を根拠として貸倒損失としての処理が可能であるかという点に関し、東京地裁平成29年 1 月19日判決（判タ1465・151）は、①法人税基本通達 9 － 6 － 1 （ 2 ）が定める場合に「等」といった文言がなく、個別の和解に基づく債権放棄（債務免除）は同規定に該当せずその適用を受けないこと、②認可の決定を受けた協定に基づく債権放棄（債務免除）については、法令の規制及びこれに係る裁判所の審査と決定によりその内容の合理性が客観的に担保されているのに対し、個別の和解に基づく債権放棄（債務免除）については、合意内容の合理性が客観的に担保される状況の下での合意がされたとはいえず、認可の決定を受けた協定に基づく債権放棄（債務免除）に準じて貸倒損失の債権放棄（債務免除）を認めることはできないことを判示しました。

　同判決は、続けて、法人税基本通達 9 － 6 － 1 （ 4 ）の適用の有無の検討に当たり、金銭債権の貸倒損失を損金の額に算入するためには、当該金銭債権の全額が回収不能であることが客観的に明らかでなければならず、そのことは「債務者の資産状況、支払能力等の債務者側の事情のみならず、債権回収に必要な労力、債権額と取立費用との比較衡量、債権回収を強行することによって生じる他の債権者とのあつれ

きなどによる経済的損失等といった債権者側の事情、経済的環境等も踏まえ、社会通念に従って総合的に判断されるべきものである」とした最高裁平成16年12月24日判決（民集58・9・2637）を引用し、個別の和解による債権放棄（債務免除）が、法人税基本通達９－６－１（４）が定める「債務者の債務超過の状態が相当期間継続し、その金銭債権の弁済を受けることができないと認められる場合」に該当するかどうかについても、これらの各種事情を踏まえて社会通念に従って総合的に判断されるべきものであると判示しました。

　前記の地裁判決の控訴審判決である東京高裁平成29年7月26日判決（税資267（順号13038））も原審判決を支持しており、実務上はこれらの判決の存在を前提に、事案ごとに特別清算における具体的な手続を選択する必要があります。すなわち、債権の全額が回収不能であることが客観的に明らかな事案であれば、手続の簡易性・迅速性を重視して個別和解型の手続を選択することが考えられますし、一方で、税務上の確実性を重視して協定型の手続を選択することも考えられます。

3　結　論

　本事例において、A社は、債務超過であり、先行きが不透明な状況ではあるものの、収益改善の可能性もあるとのことですので、債権の全額が回収不能であると断定することは難しいものと考えられます。よって、B社が、A社に対する債権放棄（債務免除）の額を確実に貸倒損失として処理し損金算入を行いたいのであれば、個別和解型ではなく、協定型の手続により債権放棄（債務免除）を行うべきであるといえるでしょう。

《参考となる判例等》

○親会社がその企業グループの財務改善計画の一環として行った子会社の
　事業譲渡に伴って当該子会社に対して有する債権の全額を、特別清算に
　おける個別の和解に基づき放棄した場合において、当該債権の額につき、
　法人税法（平成22年法律 6 号による改正前のもの）22条 3 項 3 号所定の
　「当該事業年度の損失の額」に含まれる貸倒損失に該当するものとして
　損金の額に算入することはできないとした事例（東京地判平29・ 1 ・19判タ
　1465・151、東京高判平29・ 7 ・26税資267（順号13038））

【31】 債権者間において不平等な内容（代表者の有する債権の劣後化、少額債権の全額弁済等）の協定案を作成することはできる！？

　株式会社Ａ（以下「Ａ社」という。）は、協定型の特別清算を行うこととなったが、Ａ社の債権者の大多数から、Ａ社の債務超過につき、Ａ社の代表者であるＢの経営責任が果たされていないとして、ＢのＡ社に対する貸金債権を協定に基づく弁済の対象とすることに反対する旨の意見が述べられていた。

　また、Ａ社の債権者の大多数は少額債権を有する者であった。

　Ａ社は、ＢのＡ社に対する債権の劣後化及び少額債権の全額弁済等の不平等な内容の協定案を作成することはできるか。

POINT	・協定による権利の変更の内容は、協定債権者の間では平等でなければならないのが原則である ・不利益を受ける協定債権者の同意がある場合又は少額の協定債権について別段の定めをしても衡平を害しない場合その他協定債権者の間に差を設けても衡平を害しない場合は、不平等な内容を定めることができる

誤認例	協定による権利の変更の内容は、協定債権者の間では平等でなければならないので、いずれの協定債権者についても、同一の内容で権利を変更しなければならない。

	不利益を受ける協定債権者の同意がある場合又は少額の
本当は	協定債権について別段の定めをしても衡平を害しない場合その他協定債権者の間に差を設けても衡平を害しない場合は、不平等な内容を定めることができる。

解　説

1　協定による権利の変更（平等原則）

　協定型の特別清算手続における協定には、協定債権者の権利（ただし、特別の先取特権、質権、抵当権又は商事留置権を除きます。）の全部又は一部の変更に関する条項を定めなければならず（会社564①）、当該条項において、債務の減免、期限の猶予その他の権利の変更の一般的基準を定めなければなりません（会社564②）。

　協定による権利の変更の内容は、協定債権者の間では平等でなければならないのが原則です（会社565本文）。ここにいう平等とは、一般に、形式的平等ではなく、実質的な平等を定めるものであり、弁済率、弁済期限、利息、担保、その他弁済の態様において実質的平等であることを要するものとされています。

　もっとも、不利益を受ける協定債権者の同意がある場合又は少額の協定債権について別段の定めをしても衡平を害しない場合その他協定債権者の間に差を設けても衡平を害しない場合は、不平等な内容を定めることができます（会社565ただし書）。

2　不利益を受ける協定債権者の同意がある場合

　前記のとおり、不利益を受ける協定債権者の同意がある場合には、当該協定債権者につき不平等な内容を定めることができます。

　平等原則の趣旨は、協定債権者を保護することにあるため、不利益を受ける協定債権者の同意がある場合、協定債権者自身が平等原則による保護を放棄し不利益を受けることを甘受しているものといえますので、不平等な内容を定めることが許容されます。

　例えば、清算株式会社について経営責任を負う代表者等が清算株式会社に対して債権を有している場合、当該代表者等の同意の下、当該債権を劣後的に取り扱う内容が定められることがあります。

3　少額の協定債権について別段の定めをしても衡平を害しない場合

　前記のとおり、少額の協定債権について別段の定めをしても衡平を害しない場合には、不平等な内容を定めることができます。

　少額の協定債権についてこのような取扱いを許容する趣旨は、社会政策的考慮に基づくものであり、「少額」であるか否かの判断は、個々の事案に応じて、清算株式会社の規模、弁済原資、負債総額、債権者の数等を総合的に考慮して行われます。

　例えば、協定債権者の分布状況として、少額の協定債権者が多い一方で多額の協定債権者が少ないのが通常であり、協定の可決要件のうち協定債権者の頭数要件（会社567①一）を満たすため、「債権のうち○○万円以下の部分を全額弁済する。」旨の内容が定められることがあります。なお、会社法565条ただし書は、「少額の協定債権者」ではなく「少額の協定債権」について別段の定めをしても衡平を害しない旨を規定しており、「債権額が○○万円以下の債権『者』に対して全額弁済する。」旨を協定案の内容とした場合には、当該金額を超える債権を有する者にとって不平等な内容となり、かえって協定債権者間の平等を害することになるため、注意が必要です。

4　その他協定債権者の間に差を設けても衡平を害しない場合

　その他協定債権者の間に差を設けても衡平を害しない場合として、例えば、個別の債権者を不利に取り扱う内容として、特別清算開始後の利息及び遅延損害金等の破産手続において劣後的破産債権（破産99）として取り扱われる債権や清算株式会社について経営責任を負う代表者等が清算株式会社に対して有する債権を劣後的に取り扱う旨の内容が定められることがあります。もっとも、そのような取扱いが「衡平を害しない」か否かは、個々の事案に応じて判断されるものであり、一律に判断することは困難であることから、まずは不利益を受ける協定債権者の同意を得るべきであると考えられます。

5　結　　論

　少額債権の全額弁済については、清算株式会社の規模、弁済原資、負債総額、債権者の数等を総合的に考慮して「少額」とされる金額を検討の上、債権のうち当該金額以下の部分を弁済する旨を協定案の内容とすることになります。

　BのA社に対する貸金債権の劣後化について、まずは、A社の債務超過についてBに一定の経営責任が認められるとして、BのA社に対する貸金債権を劣後化する（全額の免除を受ける）ことについて、Bが同意するよう説明ないし説得がなされるべきであると考えられます。

　Bが劣後化に同意しない場合には、前記のとおり少額債権を全額弁済することや、Bの経営責任の程度等を踏まえて、Bの貸金債権にも他の協定債権者と同様の弁済を行うことについて、他の協定債権者に説明ないし説得を行うこともあり得ますが、やはりBの同意を得るべくBに対する再度の説明ないし説得が必要であると考えられます。

【32】　協定債権者は特別清算の開始後に負担した債務を受働債権として相殺できる！？

　特別清算が開始された株式会社Ａ（以下「Ａ社」という。）に対して協定債権を有するＢは、特別清算の開始後にＡ社に対して債務を負担することとなった。

　Ｂは、協定債権と当該債務を相殺することができるか。

POINT	・協定債権者が清算株式会社に対して債務を負担している場合、協定債権と当該債務を対当額で相殺することができるのが原則である
	・もっとも、相殺により協定債権者間の平等を害するものとして相殺が禁止される場合がある

誤認例	協定債権者が、特別清算の開始後に清算株式会社に対して債務を負担した場合、民法の規定に従い、協定債権と当該債務を対当額で相殺することができる。

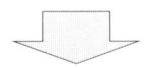

本当は	協定債権者が、特別清算の開始後に清算株式会社に対して債務を負担した場合、当該債務を受働債権として相殺することは禁止される。

解　　説

1　協定債権者が清算株式会社に対して債務を負担することとなった場合の相殺禁止

　特別清算の開始は、協定債権者による権利の行使を一般的に制限す

るものではありませんので、協定債権者が清算株式会社に対して債務を負担している場合、民法の規定に従い、相殺をすることができるのが原則です。

　もっとも、協定債権者による相殺により協定債権者間の平等を類型的に害するものとして、①特別清算開始後に清算株式会社に対して債務を負担したとき、②支払不能後に契約によって負担する債務を専ら協定債権をもってする相殺に供する目的で清算株式会社の財産の処分を内容とする契約を清算株式会社との間で締結し、又は清算株式会社に対して債務を負担する者の債務を引き受けることを内容とする契約を締結することにより清算株式会社に対して債務を負担した場合であって、当該契約の締結の当時、支払不能であったことを知っていたとき、③支払の停止があった後に清算株式会社に対して債務を負担した場合であって、その負担の当時、支払の停止があったことを知っていたとき（ただし、当該支払の停止があった時において支払不能でなかったときは、除きます。）、④特別清算開始の申立てがあった後に清算株式会社に対して債務を負担した場合であって、その負担の当時、特別清算開始の申立てがあったことを知っていたときには、相殺が禁止されます（会社517①一～四）。ただし、②～④については、債務の負担が⑦法定の原因、⑦支払不能であったこと又は支払の停止若しくは特別清算開始の申立てがあったことを協定債権者が知った時より前に生じた原因、⑦特別清算開始の申立てがあった時より 1 年以上前に生じた原因のいずれかに基づく場合、相殺が許容されます（会社517②一～三）。

2　清算株式会社に対して債務を負担する者が協定債権を取得した場合の相殺禁止

　前記のとおり、清算株式会社に対して債務を負担する者が協定債権を取得した場合も、民法の規定に従い、相殺をすることができるのが

原則ですが、相殺により協定債権者間の平等を類型的に害する場合には相殺が禁止されます。

　すなわち、①特別清算開始後に他人の協定債権を取得したとき、②支払不能になった後に協定債権を取得した場合であって、その取得の当時、支払不能であったことを知っていたとき、③支払の停止があった後に協定債権を取得した場合であって、その取得の当時、支払の停止があったことを知っていたとき（ただし、当該支払の停止があった時において支払不能でなかったときは、除きます。）、④特別清算開始の申立てがあった後に協定債権を取得した場合であって、その取得の当時、特別清算開始の申立てがあったことを知っていたときには、相殺が禁止されます（会社518①一〜四）。ただし、②〜④については、協定債権の取得が㋐法定の原因、㋑支払不能であったこと又は支払の停止若しくは特別清算開始の申立てがあったことを清算株式会社に対して債務を負担する者が知った時より前に生じた原因、㋒特別清算開始の申立てがあった時より１年以上前に生じた原因、㋓清算株式会社に対して債務を負担する者と清算株式会社との間の契約のいずれかに基づく場合には、相殺が許容されます（会社518②一〜四）。

3　結　論

　協定債権者であるＢが特別清算開始後に清算株式会社であるＡ社に対して債務を負担した場合、債務負担の原因にかかわらず、Ｂは、当該債務を受働債権として相殺に供することが禁止されます（会社517①一）（会社法517条２項は同条１項１号の場合には適用がありません。）。

　したがって、Ｂは、協定債権と当該債務を相殺することができません。

【33】　特別清算を開始した後に、資産超過であることが明らかになった場合でも、特別清算を完遂できる！？

　株式会社Ａ（以下「Ａ社」という。）について、特別清算の開始から２か月後に資産超過であることが判明した。

　Ａ社に係る特別清算を完遂することはできるか。

POINT	・特別清算の開始原因がなかったことが特別清算の開始後に判明した場合、判明した時期が即時抗告期間（開始の決定から１週間）内であれば、即時抗告により開始の決定が取り消される ・特別清算の開始原因がなかったことが判明した時期が即時抗告期間経過後の場合、特別清算につき終結決定がなされ通常清算に移行するのが原則であるが、手続の進行状況等によっては特別清算を続行することができる

誤認例	特別清算の開始原因がなかったことが特別清算の開始後（即時抗告期間経過後）に判明した場合、特別清算について、必ず終結決定がなされる。

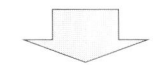

本当は	特別清算の開始原因がなかったことが特別清算の開始後（即時抗告期間経過後）に判明した場合でも、手続の進行状況等によっては特別清算を続行することができる場合がある。

解　説

1　特別清算の終結原因

　裁判所は、①特別清算が結了したとき、又は、②特別清算の必要が
なくなったときに、清算人、監査役、債権者、株主又は調査委員の申
立てにより、特別清算終結の決定をします（会社573）。

2　①特別清算が結了したとき（会社573一）

　「特別清算が結了したとき」とは、清算株式会社の資産の換価が完
了し、また、全ての債権者に対する弁済を実施することで協定又は個
別和解の履行が完了した状態をいいます。

　この場合、裁判所は特別清算終結の決定をし、当該決定が確定して
効力を生じると、裁判所書記官は、職権で、遅滞なく、特別清算終結
の登記を嘱託しますので（会社938①三）、清算人による清算結了の登記
は不要です。

3　②特別清算の必要がなくなったとき（会社573二）

　「特別清算の必要がなくなったとき」とは、特別清算の開始原因（清
算の遂行に著しい支障を来すべき事情があること、又は、債務超過の
疑いがあること（会社510））が事後的に消滅したとき、及び特別清算開
始時に特別清算の開始原因がなかったことが特別清算開始後に判明し
たときをいいます。特別清算の開始原因が事後的に消滅したときにつ
いては、例えば、特別清算中に、清算株式会社が有する資産の価格が
高騰して資産超過となる場合が考えられます。

　特別清算の必要がなくなった時期が特別清算開始の決定から1週間
の即時抗告期間内であれば（会社890④、民訴332）、即時抗告により特別
清算開始の決定が取り消されることになりますが、即時抗告期間を経

過している場合には、取消しができませんので、終結の決定がなされ、通常清算に移行することとなります。

　もっとも、特別清算は通常清算よりも厳格な手続ではあるものの、特別清算を続行した方が訴訟経済上合理的であることから、裁判所は、手続の進行状況や特別清算の必要がなくなったとされる経緯等の諸般の事情を考慮して、特別清算を続行することもできるとする見解が有力です。

4　結　論

　A社の資産超過が判明したのは特別清算の開始から2か月後であり、即時抗告期間が経過していることから、特別清算終結の決定がなされ、通常清算に移行することが考えられます。

　もっとも、手続の進行状況等により、通常清算に移行することなく特別清算が続行される可能性もあります。

【34】　清算人は財産の換価又は処分の方法や金額について自由に判断することができる！？

　株式会社Ａ（以下「Ａ社」という。）の特別清算において、在庫商品を換価又は処分する必要が生じた。Ａ社の清算人であるＸは、在庫商品を通常の商流とは異なる方法で一括売却することを予定しているが、買受先からは通常の商流で売却するときよりも低い金額を提示されている。Ｘには清算人として財産の換価又は処分に関する裁量があるため、この在庫商品の売却に問題が生じることはないか。

POINT	・清算人は、必ずしも通常の商流で財産を換価しなければならないわけではなく、円滑な手続の遂行等の事情に鑑み、合理性が認められる範囲で、柔軟に換価又は処分の方法を選択することができる ・清算人は、換価又は処分の方法にかかわらず、一般に適正・妥当と認められる金額を著しく下回る金額で換価又は処分をした場合には、善管注意義務違反に問われるおそれがある（会社478⑧・330、民644）

誤認例	清算人には財産の換価又は処分について広汎な裁量が認められているため、金額にかかわらず、買受先への売却を進めても問題がない。

本当は	清算人には財産の換価又は処分について一定の裁量が認められているため、通常の商流とは異なる方法で財産を換価すること自体が直ちに問題となるわけではないが、一般に適正・妥当と認められる金額を著しく下回る金額で買受先に売却した場合には、清算人は善管注意義務違反に問われるおそれがある。

解　説

1　清算株式会社の有する財産の把握

　特別清算においては、債権者への弁済原資を確保するため、清算株式会社が有する全ての財産について換価又は処分（以下「換価等」といいます。）を行い、財産を現金化する必要があります。そのため、まずは清算株式会社が有する財産を正確に把握することが重要です。清算株式会社が有する財産は、通常、清算株式会社の直近事業年度の決算報告書や会計帳簿を見ればおおむね把握することができます。ただし、会計帳簿に計上されていない財産（簿外資産）もあり得ますので、財産的価値がある財産の把握に漏れがないよう注意することが必要です。例えば、取引上の営業保証金や損害賠償請求権等のほか、会計帳簿への計上を単純に遺漏している財産、費用処理されていて会計帳簿に計上されていない財産（什器備品等）が考えられます。

2　換価等の手続及び適正価額

　換価等に当たっては、清算手続のいかんにかかわらず、その換価等の手続や金額が適正であることが求められます。特に、特別清算においては、通常、債務を完済できないため、財産の換価等が適正価額で

行われなければ、債権者に対する弁済原資が減少し、債権者の利益を害する結果となります。そのため、例えば、在庫商品や製品の換価等において、必ずしも通常の商流で換価する必要はなく、一括売却や仕入先との協議による返品等、どのような方法で行うかは清算人の裁量に委ねられますが、財産の換価等を適正価額で行わず、不当に廉価で売却したり、いたずらに高額な費用をかけて処分したりすると、清算人は善管注意義務違反に問われるおそれがありますので注意が必要です（会社478⑧・330、民644）。

　清算人は、特別清算においては基本的に債務を完済することができないため、債権者は清算株式会社が行う換価等が適正に行われているかに高い関心を有していることを十分に意識した処理を行わなければなりません。特に、価値の高い財産の換価等においては、換価等の手続や金額が適正であることを説明できるような対応をとっておくことが必要です。例えば、不動産であれば、市場で広く買い手を募ったり、客観的に信用性のある不動産業者から査定書を取得したりするなどして、適正価額で売却することが考えられます。

3　結　論

　Xは、在庫商品の売却価額が一般に適正・妥当と認められる金額を著しく下回る場合には、当該金額での売却を進めるべきではなく、改めて複数人に買取りを打診するなどして金額を見直す必要があります。また、Xが通常の商流とは異なる方法で在庫商品を売却したとしても、その金額が一般に適正・妥当と認められるのであれば、特に問題視されることはないと思われます。この場合でも、Xは、債権者に対して合理的な説明をすることができるようにしておく必要があります。

【35】　解散する前に倒産防止共済を解約してもよい！？

　株式会社Ａ（以下「Ａ社」という。）は、特別清算中の株式会社であるが、解散日までの解散事業年度に倒産防止共済を解約して解約手当金を受け取っており、当該解約手当金が益金の額に算入され課税所得が発生している。Ａ社は、債務超過であり期限切れ欠損金を有しているが、青色欠損金は有していない。

　Ａ社は、解散事業年度に期限切れ欠損金を損金の額に算入することができるか。

POINT	・課税所得が発生する場合は青色欠損金を有しているか確認する
	・青色欠損金を有していない場合は期限切れ欠損金を損金の額に算入することができるか検討する
	・内国法人が解散した場合において、残余財産がないと見込まれるときは、その清算中に終了する事業年度に期限切れ欠損金を損金の額に算入することができる

誤認例	解散前の解散事業年度に期限切れ欠損金を損金の額に算入することができる。

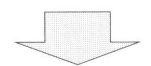

本当は	内国法人が解散した場合において、残余財産がないと見込まれるときは、その清算中に終了する事業年度に期限切れ欠損金を損金の額に算入することができる。

解　説

1　期限切れ欠損金

　期限切れ欠損金はいわゆる通称であり、正式な法律用語ではありません。期限切れ欠損金については法人税法施行令117条の5に規定されており、前事業年度以前の事業年度から繰り越された欠損金の合計額となっています。つまり、設立時から繰り越された欠損金の合計額が期限切れ欠損金となります。

　次に、期限切れ欠損金の額については法人税基本通達12－3－2に規定されており、当該事業年度の確定申告書に添付する法人税申告書別表5（1）の「利益積立金額及び資本金等の額の計算に関する明細書」に期首現在利益積立金額の合計額として記載されるべき金額で、当該金額がマイナスである場合の当該金額とされています。

2　期限切れ欠損金の損金算入要件

　期限切れ欠損金は、内国法人が解散した場合において、残余財産がないと見込まれるときは、その清算中に終了する事業年度の所得の金額の計算上、損金の額に算入することができます（法税59④）。

　すなわち、事業年度は、解散後の清算中の事業年度が対象となりますので、解散前の解散事業年度に期限切れ欠損金を損金の額に算入することはできません。次に、残余財産がないと見込まれるときとは、法人の清算中に終了する各事業年度終了の時の現況により判断し（法基通12－3－7）、その際に債務超過の状態にあるときは、残余財産がないと見込まれると判断します（法基通12－3－8）。また、債務超過かどうかは実態貸借対照表により判断することとなっています（法基通12－3－9）。

3　結　論

　本事例においては、A社が倒産防止共済を解約して解約手当金を受け取り、益金の額に算入されたのは、解散前の解散事業年度であるため、期限切れ欠損金を損金の額に算入することはできません。

　したがって、A社には、解散事業年度に、倒産防止共済の解約手当金が益金の額に算入され課税所得が発生していますが、期限切れ欠損金を損金の額に算入することができませんので、課税されるリスクがあります。解散後の清算中の事業年度であれば、期限切れ欠損金を損金の額に算入することができ、課税リスクを回避できる可能性があります。このように、課税リスクを考慮して、倒産防止共済を解約して解約手当金を受け取る時期を考える必要があります。

　なお、本事例においては、倒産防止共済の解約手当金を例示として記載していますが、倒産防止共済の解約手当金以外の場合においても、解散前の解散事業年度においては、期限切れ欠損金を損金の額に算入することはできませんので、同様の検討が必要となります。

【36】　特別清算手続では、協定が認可されるまでは一切債務を弁済することができない！？

　株式会社A（以下「A社」という。）は、私的整理による事業再生を図るため、金融機関に対して事業再生計画（スポンサー企業に全ての事業を譲渡した上で、譲渡対価等を原資として金融機関からの借入金を除く全ての債務を弁済し、借入金のうち弁済できない部分は特別清算手続において債務の免除を求めるもの）を提示し、全ての金融機関から同意を得た。

　その後、A社は解散し、特別清算手続が開始されたが、当該手続の開始後、A社がその存在を把握していたにもかかわらず、解散前に弁済を完了せずに残存している買掛金があることが判明した。

　この場合、当該買掛金については、協定が認可されるまでに弁済することができるか。

POINT	・特別清算手続開始後も、協定債権でない債権については随時弁済することができる
	・協定債権についても、会社法537条1項に基づく割合弁済は可能である。また、同条2項に基づき、裁判所の許可を得て弁済をすることができる場合がある

誤認例	特別清算手続では、協定が認可されるまで、一切協定債権を弁済することができない。

⬇

<table>
<tr><td>本当は</td><td>特別清算手続では、協定が認可されるまで、協定債権に係る債務につき債権額の割合に応じた弁済以外はすることができないのが原則であるが、例外として、①少額の協定債権、②清算株式会社の財産につき存する担保権によって担保される協定債権、③その他これを弁済しても他の債権者を害するおそれがない協定債権に係る債務については、裁判所の許可を得て弁済することができる。</td></tr>
</table>

解　　説

1　特別清算手続における債務の弁済の制限

　特別清算手続の開始後、清算株式会社は、協定債権者に対して、その債権額の割合に応じて弁済をしなければならないものとされています（会社537①）。裏を返せば、特別清算手続においては、債権額の割合に応じた平等な弁済でない限り、協定債権者に対する任意での弁済は原則としてすることができないということになります。

　もっとも、協定により弁済後の残債務が免除されることが確定する前に割合弁済を行う意味は通常ありませんので、特別清算手続の開始後協定成立前の協定債権者への割合弁済は、実務上ほとんど行われていないと考えられています（山口和男編『［新会社法対応］特別清算の理論と裁判実務』157頁（新日本法規出版、2008））。

　なお、会社法537条1項は、協定債権者に対する弁済について制限を設けた規定ですので、協定債権でない債権、すなわち、一般の先取特権その他一般の優先権がある債権、特別清算の手続のために清算株式会社に対して生じた債権及び特別清算の手続に関する清算株式会社に対する費用請求権（会社515③）は制限の対象外であり、これらの債権については、特別清算手続中であっても随時弁済することが可能です。

2　協定認可前に協定債権に係る債務を弁済することができる場合

　清算株式会社は、特別清算手続の開始後、原則として、協定債権者に対して、割合弁済の方法による以外の弁済をすることができません。ただし、①少額の協定債権、②清算株式会社の財産につき存する担保権によって担保される協定債権、③その他これを弁済しても他の債権者を害するおそれがない協定債権に係る債務については、裁判所の許可を得た上で、債権額の割合を超えて弁済をすることができるものとされています（会社537②）。

①　少額の協定債権について、どの程度の金額までが少額債権の範囲内であるかは、清算株式会社の規模、負債の総額、債権者の数、協定における弁済率の予想等を総合的に考慮して、裁判所の裁量で判断されることになりますが、少なくとも少額債権者以外の債権者において、少額債権とされる金額以上の弁済を受けることが十分に見込まれるものでなければならないと考えられています（松下淳一＝山本和彦編『会社法コンメンタール13―清算（2）』122頁（商事法務、2014））。

②　清算株式会社の財産につき存する担保権によって担保される協定債権については、一般的には、担保権者と協議の上で、担保対象物を換価・処分して、これによって得られる金額を担保権者に優先的に弁済をする（完済に至らない場合、残額は一般の協定債権と同様に扱う）ことになると考えられます。

③　その他これを弁済しても他の債権者を害するおそれがない協定債権については、一般的には、弁済することについて他の債権者全員の同意がある協定債権や、電気、ガス、水道、電話等の継続的給付に係る請求権等がこれに該当するものとされています。

3　結　論

　本事例において、残存していた買掛金は協定債権ですが、A社とし
ては、買掛金は少額の協定債権であるとして、裁判所の許可を得た上
で、協定が認可されるまでにその全額を弁済することが考えられます。

　また、本事例のA社は、私的整理での事業再生計画において、金融
機関からの借入金を除く全ての債務を弁済することについて、他の債
権者である金融機関から同意を既に得ていますので、このことを裁判
所に説明し、弁済しても他の債権者を害するおそれがない協定債権と
して、裁判所の許可を得た上で、協定が認可されるまでにその全額を
弁済することが考えられます。

3　清算事務の終了

【37】　換価又は処分未了の財産があっても特別清算は終結できる！？

　株式会社Ａ（以下「Ａ社」という。）の特別清算において、協定に基づく債務の弁済等を行った後、さらに換価又は処分未了の財産が存在することが判明した。既に協定に基づく債務の弁済等は完了しているため、特別清算を結了できるか。

POINT	・特別清算は、全ての財産の換価又は処分を終え、協定や個別の和解に基づく債務の弁済等を行った上で、貸借対照表の資産及び負債をそれぞれゼロの状態にしなければ結了することはできない ・特別清算終結の決定は、「特別清算が結了したとき」と「特別清算の必要がなくなったとき」になされる

誤認例	換価又は処分未了の財産が存在することが判明した場合でも、既に協定や個別の和解に基づく債務の弁済等を完了しているため、特別清算を結了することができる。

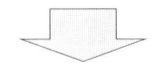

本当は	協定や個別の和解に基づく債務の弁済等を行った後、換価又は処分未了の財産が存在することが判明した場合には、速やかに換価又は処分を行い、残金を債権者に弁済するなどの措置を講じなければ特別清算を結了すること

　　｜　はできない。もっとも、当該財産の換価又は処分が困難
　　｜　な場合には、裁判所の許可（会社535①五）又はこれに代わ
　　｜　る監督委員の同意（会社535①ただし書）を得て放棄するこ
　　｜　とで、特別清算を終結することができる。

解　説

1　特別清算の終結事由としての「結了」の意味

　特別清算開始後、特別清算が結了したとき、又は、特別清算の必要
がなくなったときは、清算人、監査役、債権者、株主又は調査委員の
申立てにより、裁判所が特別清算終結の決定をします（会社573）。

　そして、この「結了」とは、特別清算の本来の目的を達して清算事
務が終了することを指し、主には協定の実行が完了したとき、個別の
和解の方法により全ての債務が消滅したときのいずれかに該当する場
合が「結了したとき」に当たります。

　ただし、特別清算の結了を終結事由として清算手続が終了する場合、
資産及び負債のいずれもゼロの状態になっているのが原則であるた
め、たとえ協定や個別の和解に基づく債務の弁済等が既に実行されて
いたとしても、換価又は処分未了の財産が存在することが判明した場
合にはいまだ結了に至っていないこととなります。なお、特別清算終
結決定申立書には、資産及び負債がゼロの状態にあることを示すもの
として、清算株式会社の貸借対照表を添付して提出しなければなりま
せん。

2　新たに換価又は処分未了の財産が存在することが判明した場合に備えた協定や個別和解の条項

　実務上、新たに換価又は処分未了の財産が存在することが判明した

場合に備えて、例えば、協定の条項において、「清算株式会社に新たな財産が発見されたときは、清算株式会社は、これを速やかに換価し、換価代金から必要な費用を控除した残額を、各協定債権者に対し、協定債権の割合に応じて弁済する。この場合においては、協定債権者が前項の規定により行った残債務の免除は、新たにされた弁済の限度で効力を失うものとする。」と規定して、換価又は処分未了の財産についての追加弁済を定めていることが一般的です。個別の和解においても、このような条項を設けていることが多いでしょう。

　そのため、当初存在していた財産を前提に協定や個別の和解に基づく債務の弁済等が実行されたとしても、その後新たに換価又は処分未了の財産が存在することが判明した場合には、いまだ協定や個別の和解の内容が実現されていないことになり、特別清算の結了には至りません。

　そこで、新たに換価又は処分未了の財産が存在することが判明した場合には、速やかに換価又は処分を行い、追加弁済等の協定や個別の和解の内容に従った処理を行いましょう。

3　換価又は処分が困難な財産への対処方法

　財産の中には、換価又は処分が困難なものもあります。特に、回収までに長期間を要する出資金や回収可能性の低い債権、買い手がつかない不動産等については、第三者への売却等できる限り換価又は処分の方法を検討する必要があります。それでも換価又は処分が困難な場合には、裁判所の許可（会社535①五）又はこれに代わる監督委員の同意（会社535①ただし書）を得て放棄することも検討に値します。

　回収までに長期間を要する出資金や回収可能性の低い債権を裁判所の許可（会社535①五）又はこれに代わる監督委員の同意（会社535①ただし書）を得て放棄した場合、債務者に対して債権放棄の意思表示が到

達することで当該出資金や債権は実体的に消滅することになり、財産の処分が完了します。この場合には、「特別清算が結了したとき」（会社573一）に該当することになりますので、裁判所は、特別清算終結の決定をすることになります。そして、裁判所書記官により特別清算終結の登記が嘱託され（会社938①三）、登記記録が閉鎖されます（商登則80①五・②）。

　一方で、流動性のない山林や田畑、土壌が汚染されている可能性のある土地、アスベストが使用されている建物等については、固定資産税等の負担により管理コストが多額となったり、汚染の除去やアスベストの処理に多額の費用を要したりすることで、実質的にマイナスの資産となります。一般的には、管理が不十分となり近隣に悪影響を及ぼす可能性が増大するなど、社会的に悪影響を及ぼす不動産の放棄は困難であると考えられています。

　このような放棄が困難な不動産については、放棄の検討だけでなく、協定や個別の和解の内容で調整する方法も検討すべきです。すなわち、協定債権者と協議した上で、換価又は処分に相当程度の時間と費用を要する不動産については、当該不動産及びその換価又は処分に要する費用等を協定や個別の和解の内容からあらかじめ除外し、それ以外の資産のみを協定や個別の和解による弁済の対象とすることができれば、当該不動産の換価又は処分が残存する場合であっても、協定や個別の和解に基づくその他の資産の換価又は処分を行うことで特別清算を終結することが可能となります。ただし、この場合は、前記とは異なり、当該不動産自体は残存しますので、「特別清算が結了したとき」（会社573一）ではなく、「特別清算の必要がなくなったとき」（会社573二）に該当し、当該終結事由により、裁判所は、特別清算終結の決定をすることになります。そして、裁判所書記官により特別清算終結の登記が嘱託され（会社938①三）、特別清算開始の登記が抹消されますが（商登

則75二）、「特別清算が結了したとき」（会社573一）とは異なり、登記記録は閉鎖されません（商登則80①五・②参照）。

　そのため、清算人は通常清算として引き続き当該不動産の換価又は処分を継続することになります。

4　結　論

　A社は、資産及び負債がゼロの状態に至るまでは特別清算を結了することはできませんので、協定に基づく債務の弁済等を行った後、新たに換価又は処分未了の財産が存在することが判明した場合にはこのままでは特別清算を結了することはできません。速やかに協定に基づいて換価又は処分を行う必要があります。また、このような事態に備えた条項を協定や個別の和解の内容に盛り込んでおくことが肝要といえます。

　もっとも、判明した財産の換価又は処分が困難な場合には、裁判所の許可（会社535①五）又はこれに代わる監督委員の同意（会社535①ただし書）を得て放棄することで、裁判所が特別清算終結の決定をすることは可能であると思料します（会社573）。ただし、特別清算の終結事由によって登記記録が閉鎖されるか否かに違いが生じることは前記3のとおりですので、注意する必要があります。

第 2 章

各種法人別清算手続の
落とし穴

156

第1　一般（公益）社団法人・一般（公益）財団法人

【38】　目的である事業の成功が不能となった場合には、一般社団法人は当然に解散となる！？

一般社団法人Ａ（以下「Ａ法人」という。）では、今般、定款で定めた目的である事業の継続ができない事態となり、「目的である事業の成功の不能」の発生が確実となった。

Ａ法人は、これにより当然に解散することとなるので、清算手続に入らないといけないか。

POINT	・一般社団法人及び一般財団法人に関する法律上、一般社団法人について、「目的である事業の成功の不能」は解散事由とされていない
	・一般社団法人においては、目的である事業の成功が不能となった場合であっても、当然に解散するものではない
	・当該一般社団法人の定款上、「目的である事業の成功の不能」が解散事由と定められていない場合、当該一般社団法人を解散するためには、別途、「社員総会の決議」等の解散事由が必要である

誤認例	一般社団法人でも、「目的である事業の成功の不能」の発生が確実となった場合には、当然に解散し、清算手続に入らないといけない。

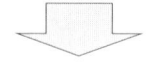

本当は	一般社団法人については、「目的である事業の成功の不能」は当然の解散事由とはされていない。定款上、「目的である事業の成功の不能」が解散事由と定められていない場合には、解散するためには、別途、「社員総会の決議」等の解散事由を備えることが必要である。

解　説

1　一般社団法人及び一般財団法人の解散事由

　一般社団法人と一般財団法人については、一般社団法人及び一般財団法人に関する法律上、おおむね共通の解散事由が定められていますが、厳密には、法定される両法人の解散事由は若干異なります。

　すなわち、一般社団法人の解散事由は、①定款で定めた存続期間の満了、②定款で定めた解散事由の発生、③社員総会の決議、④社員が欠けたこと、⑤合併（合併により当該一般社団法人が消滅する場合に限ります。）、⑥破産手続開始の決定、⑦裁判所から解散命令又は解散判決を受けたとき、と定められています（一般法人148）。

　他方で、一般財団法人の解散事由は、①定款で定めた存続期間の満了、②定款で定めた解散事由の発生、③基本財産の滅失その他の事由による一般財団法人の目的である事業の成功の不能、④合併（合併により当該一般財団法人が消滅する場合に限ります。）、⑤破産手続開始の決定、⑥裁判所から解散命令又は解散判決を受けたとき、⑦二事業年度連続して貸借対照表上の純資産額がいずれも300万円未満となった場合、と定められています（一般法人202①②）。

　なお、一般社団法人においても、一般財団法人においても、存続期間や解散事由についての定款の定めがある場合には、登記をしなければなりません（一般法人301②四・302②四）。

2　目的である事業の成功の不能

　目的である事業の成功の不能は、一般財団法人においては当然に解散事由となりますが（一般法人202①三）、一般社団法人においては、法律上、そのようには定められていません。

　一般社団法人において、特に定款で「目的である事業の成功の不能」を解散事由として定めていない場合には、目的である事業の成功の不能が確実となるような事象が発生したとしても、それだけでは解散事由が生じたことにはなりません。このとき、当該一般社団法人を解散するためには、別途、「社員総会の決議」（一般法人148三）等の手続を経る必要があります。

3　結　論

　一般社団法人であるA法人においては、定款で「目的である事業の成功の不能」を解散事由として定めていた場合には、当該定款の定めを根拠として、解散し、清算手続に入ることになります。

　他方で、A法人において定款にそのような定めがなければ、「目的である事業の成功の不能」だけでは解散事由とはなりませんので、A法人を解散するためには、別途、「社員総会の決議」等が必要となります。

【39】　公益認定されていなければ自由に残余財産の帰属先を決められる！？

　一般社団法人Ａ（以下「Ａ法人」という。）は、公益法人として認定を受けていないが、今般、定款で定めた解散事由である「目的事業の成功の不能」の発生が確実となったことから、清算手続に入ることとなった。

　Ａ法人には、債務の弁済後も残余財産が存在する見込みであるが、公益認定を受けていないことから、係る残余財産の帰属先については自由に決めることができるか。

POINT	・一般社団法人及び一般財団法人に関する法律上、解散時の残余財産の帰属は、①定款で定めるところによる、②清算法人の社員総会又は評議員会の決議によって定める。これらの規定により帰属が定まらない場合は、③国庫に帰属する ・残余財産の帰属先について、あらかじめ定款で「社員」や「設立者」と定めておくことはできない ・定款で定められた残余財産の帰属先がない場合に、解散後の清算法人の社員総会又は評議員会の決議によって、社員や設立者を残余財産の帰属先とすることはできる

誤認例	株式会社と同様、あらかじめ定款で定めておくことによって、社員や設立者が残余財産の分配を受けることができる。

定款の定めがあっても、清算法人の社員総会又は評議員会の決議によって自由に残余財産の帰属先を決めることができる。

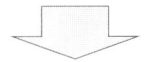

本当は	株式会社とは異なり、定款によって社員や設立者が残余財産の分配を受けると定めることはできない。 もっとも、定款によって、その他の団体等が残余財産の分配を受けると定めることはでき、また、残余財産の帰属先に関する定款の定めがない場合は、解散後の清算法人の社員総会又は評議員会の決議によって残余財産の帰属先を社員や設立者とすることができる。

解　説

1　一般社団（財団）法人の解散時の残余財産の分配

　一般社団法人及び一般財団法人については、一般社団法人及び一般財団法人に関する法律上、残余財産の帰属は、定款で定めるところによるとされますが（一般法人239①）、定款の定めにより残余財産の帰属が定まらないときは、その帰属は、清算法人の社員総会又は評議員会の決議によって定めるとされ（一般法人239②）、これらの規定により帰属が定まらない残余財産は、国庫に帰属するものとされます（一般法人239③）。

　もっとも、一般社団法人においては、株式会社と異なり、社員に剰余金又は残余財産の分配を受ける権利を与える旨の定款の定めは、その効力を有しないとされており（一般法人11②）、一般財団法人においては、設立者に剰余金又は残余財産の分配を受ける権利を与える旨の定

款の定めは、その効力を有しないとされています（一般法人153③二）。これ以外の定めについても、強行法規や公序良俗に反する定款の定めが無効となる場合がありますので、この点については留意が必要です。

2　残余財産の帰属先

　解散時の残余財産の帰属先については、第一次的には、当該一般社団法人又は一般財団法人の定款の定めによることになりますが、一般社団法人及び一般財団法人においては、定款の定めに基づき社員や設立者を残余財産の帰属先とすることはできません。

　定款に残余財産の帰属先に関する定めがない場合には、清算法人の社員総会又は評議員会の決議によって残余財産の帰属先を定めることができますし（一般法人239②）、このようにして残余財産の帰属先を定めることができない場合には、当該残余財産は、国庫に帰属することとなります（一般法人239③）。

3　公益認定を受けている場合

　公益認定を受けた移行法人が清算をする場合において、公益目的取得財産残額があるときは、当該移行法人の残余財産のうち当該公益目的取得財産残額に相当する額の財産（当該残余財産の額が当該公益目的取得財産残額を下回っているときは、当該残余財産）については、一般社団法人及び一般財団法人に関する法律239条の規定にかかわらず、内閣府令で定めるところにより、認可行政庁の承認を受けて、公益社団法人及び公益財団法人の認定等に関する法律5条17号（令和6年法律29号による改正により、公布の日から起算して1年を超えない範囲内において政令で定める日からは、20号となります。）に規定する者（類似の事業を目的とする他の公益法人等定款で定める者）に帰属させなければならないとされています。

4　結　論

　A法人においては、定款に残余財産の帰属先に関する定めがあれば、当該定款の定めに従い処理すべきですし、定款に残余財産の帰属先に関する定めがなければ、社員総会の決議によって残余財産の帰属先を定めることができます。なお、このとき、A法人においては、清算法人の社員総会の決議によって特定の社員を残余財産の帰属先とすることは可能です。また、一般財団法人においては、清算法人の評議員会の決議によって設立者を残余財産の帰属先とすることは可能です。

第2　医療法人

【40】　法定の保存期間が経過したカルテ等の診療録は適宜廃棄処分してよい！？

　社団医療法人Ａ（以下「Ａ法人」という。）は、唯一の社員であった医師Ｂが死亡したため、解散し、清算人に就任したＸによって清算事務が進められた。

　Ｘは清算事務を進める中で、診療の完結から5年以上が経過したカルテ等の診療録を発見した。

　この場合、Ｘは、当該カルテ等の診療録を適宜廃棄処分して問題ないか。

POINT	・診療録は、病院又は診療所の管理者において、5年間保存する義務がある ・診療の完結から5年以上が経過した診療録についても、事情の許す限り保存するのが適当とされており、廃棄処分する前に行政機関に相談すべきであると考えられる

誤認例	診療の完結から5年以上が経過しているカルテ等の診療録は、適宜廃棄処分して問題ない。

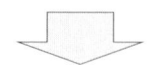

本当は	診療の完結から5年以上が経過しているカルテ等の診療録であっても、直ちに廃棄処分することは妥当でなく、その取扱いについて行政機関に相談することが望まし

い。また、結果としてカルテ等の診療録を廃棄処分する
ことになった場合には、慎重に廃棄処分する必要がある。

解　説

1　診療録の保存義務

　診療録とは、医師が診療をしたときに診療に関する事項を記載する
文書であり（医師24①）、いわゆるカルテのことを指します。診療録に
は、診療を受けた者の住所、氏名、性別及び年齢、病名及び主要症状、
治療方法（処方及び処置）、診療の年月日を記載することとされていま
す（医師規23）。

　一方、診療記録とは、一般的には、診療録、処方箋、手術記録、看
護記録、検査所見記録、エックス線写真、紹介状、退院した患者に係
る入院期間中の診療経過の要約その他診療の過程で患者の身体状況、
病状、治療等について作成、記録又は保存された書類、画像等の記録
をいうものとされています。

　診療録については、病院又は診療所の管理者において５年間保存し
なければならないと定められています（医師24②）。５年間の始期は医
師法では明らかではありませんが、保険医療機関及び保険医療養担当
規則９条において「完結の日から５年間」と定められていることから、
当該病状に関する一連の診療が完結した時が５年間の始期になると考
えられます。その他の診療記録については、保険医療機関に「完結の
日から３年間」の保存義務が定められています（療養担当則９）。

2　医療法人の清算時における診療録等の保存義務

　医療法人の清算時においては、清算人が病院又は診療所の管理者に
なると考えられますので、診療録については診療の完結の日から５年

間、清算人においてその保存義務を負うことになります。また、その他の診療記録については当該医療法人が保険医療機関であった場合、診療の完結の日から3年間、清算人においてその保存義務を負うことになると考えられます。

　前記の保存期間を経過した診療録やその他の診療記録については、直ちに廃棄処分して問題ないとの考え方もあると思われますが、医療記録の重要性に鑑み、患者等からの情報開示請求があった場合にはできる限り開示の可能性を残すべきであると考えられますので、保存が法的義務ではないとしても、診療録等を廃棄処分する前に、所管の保健所等の行政機関にその取扱いを相談することが望ましいと考えられます。

　結果として診療録等を廃棄処分することになった場合には、診療録等は特に機微な個人情報を含むものですので、個人情報の保護に関する法律やそのガイドラインにのっとり、慎重に廃棄処分をする必要があります。

3　結　論

　本事例において、Xは、診療の完結から5年以上が経過したカルテ等の診療録や3年以上が経過したその他の診療記録について、まずは所管の保健所等の行政機関にその取扱いを相談した上で、カルテ等の診療録やその他の診療記録をどのように取り扱うか（清算人において保管するか、行政機関において保管するか、廃棄処分するか等）を決めるのが望ましいと考えられます。

　また、廃棄処分することになった場合には、Xが考える適宜の方法により廃棄処分することはせず、個人情報の保護に関する法律やそのガイドラインにのっとり、慎重に廃棄処分を行うことになります。

【41】　医療法人の清算手続においても、債権申出催告のための官報公告は1回で足りる！？

　社団医療法人Ａ（以下「Ａ法人」という。）は、社員総会の決議により解散し、理事長であったＸが清算人に就任して、清算事務を進めることとなった。

　Ｘは、清算手続における債権者保護手続として、債権者に対する債権申出催告を行うべく、判明している債権者に対する各別の催告を準備するとともに、官報公告による催告を準備しており、官報公告は、他の法人における清算手続と同様に1回のみの掲載を予定している。かかる取扱いに問題はないか。

POINT

・清算人は、医療法人の清算手続においては、他の法人とは異なり、債権者保護手続としての債権申出催告を、少なくとも3回の官報公告をもって行う必要がある

・官報公告による債権申出催告の期間は、2か月を下ることができない

誤認例	医療法人の清算手続においても、債権申出催告のための官報公告は1回のみ行うことで足りる。

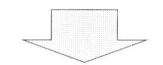

本当は	医療法人の清算手続においては、他の法人とは異なり、債権者保護手続としての債権申出催告を、少なくとも3回の官報公告をもって行う必要がある。

解　説

1　医療法人の清算手続における債権者保護手続

　医療法人の清算手続において、清算人は、債権者保護手続として、その就職の日から2か月以内に、少なくとも3回の官報公告をもって、債権者に対し、一定の期間内にその債権の申出をすべき旨の催告を行わなければならず、ここでの「一定の期間」は2か月を下ることができません（医療56の8①④）。債権申出公告には、債権者が当該期間内に申出をしないときは清算から除斥される旨を付記する必要があります（医療56の8②）。また、清算人は、判明している債権者に対しては各別の催告をする必要があります（医療56の8③）。

　このとおり、医療法人の清算手続における債権者保護手続としては、少なくとも3回の官報公告による債権申出催告が義務付けられており、他の法人の清算手続における債権者保護手続（1回の官報公告による債権申出催告を行うことで足りる）とはこの点が異なること、債権者保護手続に少なくとも6か月（2か月×3回）の期間を要することに注意が必要です。

　医療法人の清算人は、前記の官報公告を行う際には、必要な債権者保護手続を履践していることを明らかにするため、官報公告において何回目の公告であるかを明示することが望ましいと考えられます（尾島史賢編『株式会社・各種法人別清算手続と書式』182頁（新日本法規出版、2022））。

2　結　論

　本事例において、Xは、A法人の清算手続における債権者保護手続として、少なくとも3回の官報公告により、債権申出催告を行う必要があります。

第3　社会福祉法人

【42】　社会福祉法人は評議員会の決議だけで解散できる！？

　幼保連携型認定こども園を運営する社会福祉法人A（以下「A法人」という。）は、この度、周辺地域における児童数が減少したことに伴い、幼保連携型認定こども園の運営をやめ、解散することを考えている。

　A法人は、評議員会で決議することのみによって解散することができるか。

POINT	・社会福祉法人が評議員会の決議により解散する場合には、所轄庁の認可が必要である

誤認例	社会福祉法人は、評議員会の決議のみによって解散することができる。

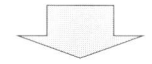

本当は	社会福祉法人が評議員会の決議により解散する場合には、所轄庁の認可がなければ、その効力を生じないとされているため、所轄庁の認可を得る必要がある。

解　　説

1　社会福祉法人の解散事由

　社会福祉法人の解散事由は、次のとおりです。

① 　評議員会の決議（社福46①一）

② 　定款に定めた解散事由の発生（社福46①二）

③ 　目的たる事業の成功の不能（社福46①三）

④ 　合併（合併により当該社会福祉法人が消滅する場合に限ります。）
　　（社福46①四）

⑤ 　破産手続開始の決定（社福46①五）

⑥ 　所轄庁の解散命令（社福46①六）

　①のとおり、「評議員会の決議」も社会福祉法人の解散事由とされていますので、社会福祉法人は、議決に加わることができる評議員の3分の2（これを上回る割合を定款で定めた場合にあっては、その割合）以上に当たる多数による評議員会の決議を経て解散することは可能です（社福45の9⑦四）。なお、評議員会の招集権者は、原則として理事であり（社福45の9③）、評議員の招集に先立ち、原則として理事会において、次に掲げる事項を定めることが必要となります（社福45の9⑩、一般法人181①、社福規2の12）。

① 　評議員会の日時及び場所

② 　評議員会の目的である事項

③ 　評議員会の目的である事項に係る議案（当該目的である事項が議案となるものを除きます。）の概要（議案が確定しない場合にあっては、その旨）

2　評議員会の決議による解散

　株式会社の場合には、株主総会の決議によって解散の効力が生じますが、社会福祉法人が評議員会の決議により解散する場合には、所轄庁の認可がなければ、その効力を生じません（社福46②）。よって、社会福祉法人が評議員会の決議「のみ」によって解散することはできず、所轄庁の認可を得る必要があります。

　この点、社会福祉法人が評議員会の決議により解散したときは、2週間以内に、その主たる事務所の所在地において解散の登記をしなければなりませんが、登記申請に当たって、認可を得た所轄庁の認可書が必要となります（社福46②、組登令25、商登19）。

　なお、認可申請書の内容や添付書類については、所轄庁に応じて異なりますので、あらかじめ所轄庁に確認することが望ましいです。

3　その他の解散事由

　その他の社会福祉法人の解散事由のうち、「目的たる事業の成功の不能」については、評議員会の決議による解散の場合と同様に、所轄庁の認定がなければ、解散の効力が生じません（社福46②）。

　また、「定款に定めた解散事由の発生」と「破産手続開始の決定」については、かかる事由の発生によって解散の効力が生じるものの、遅滞なくその旨を所轄庁に届け出なければなりません（社福46③）。当該届出書の内容や添付資料についても、所轄庁に応じて異なりますので、あらかじめ所轄庁に確認することが望ましいです。

4　結　論

　A法人は、理事会の決議により評議員会を招集し、議決に加わることができる評議員の3分の2（これを上回る割合を定款で定めた場合にあっては、その割合）以上に当たる多数による評議員会の決議を経るのみでは足りず、所轄庁の認可を得ることにより、解散することができます。

【43】　利用者に告知せずに清算手続を進めてよい！？

　養護老人ホームや幼保連携型認定こども園を運営する社会福祉法人Aは、代表理事であるXが高齢で、かつ、後継者も存在しないことから、解散することを検討している。

　養護老人ホームの利用者に「解散」及び「清算」について告知すると、不安に思われるかもしれないので、Xとしては、利用者には告知したくないが、利用者に告知せずに清算手続を進めることはできるか。

POINT	・社会福祉法人の清算人は、清算法人の現務を結了するため、利用者に告知して契約関係を終了させる必要がある

誤認例	社会福祉法人は、利用者に告知せずに清算手続を進めることができる。

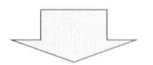

本当は	社会福祉法人が解散し、清算手続を進めるに当たり、利用者に対する告知は必須である。

解　説

1　社会福祉法人の解散による影響

　社会福祉法人は、社会福祉事業を行うことを目的として、社会福祉法により設立された法人ですので（社福22）、現務を行っている社会福

祉法人には何らかの形で「利用者」が存在し、当該社会福祉法人が解散する場合には、当然のことながら「利用者」に影響を与えます。養護老人ホームであれば、当該養護老人ホームに入居する高齢者が存在し、幼保連携型認定こども園であれば、当該こども園に通園する児童が存在します。

　仮に、かかる施設を運営する社会福祉法人が解散することとなり、利用者である高齢者やその親族、児童やその保護者に対し、その旨を告知すれば、不安を与えることは否定できず、影響を与えないとはいえません。

2　現務の結了

　社会福祉法人は、合併及び破産手続開始の決定により解散した場合であって当該破産手続が終了していない場合を除き、清算をしなければならず（社福46の3一）、清算人において、その一環として現務を結了させる必要があります（社福46の9一）。すなわち、清算法人（社会福祉法の規定により清算する社会福祉法人をいいます（社福46の4）。）の清算人は、「現務の結了」として、雇用関係や取引関係等を終了させる必要があり、当然のことながら、利用者との契約関係も終了させる必要があります。

　社会福祉法人として、利用者に告知せずに勝手に利用者との契約関係を終了させることはできませんので、結果的に、利用者に対しては、社会福祉法人の解散及び清算について告知する必要があるということになります。

3　ソフト・ランディングの実施

　社会福祉法人として、利用者に対し、単に解散及び清算することになったので契約関係を終了したいと伝えても、利用者の不安を煽るだ

けであり、場合によっては契約関係の終了に応じてもらえず、清算手続が一向に進まないといったリスクも考えられます。そこで、実際に社会福祉法人を解散及び清算する際には、利用者に別の社会福祉法人が運営する養護老人ホーム等を紹介し、大きな負担なく、そちらに移ってもらうようにするなど、いわゆる「ソフト・ランディング」を図ることが望ましいです。

4　結　論

　Xは、社会福祉法人Aを解散するに先立ち、養護老人ホームや幼保連携型認定こども園の利用者である高齢者やその親族、児童やその保護者に対し、あらかじめその旨の告知をすることが必要です。加えて、ソフト・ランディングを図るため、別の社会福祉法人が運営する養護老人ホーム等を紹介し、大きな負担なく、そちらに移ってもらうようにするなどの対応をとることが望ましいです。

【44】　社会福祉法人が社会福祉連携推進法人の社員となっている場合でも、解散に支障はない！？

　社会福祉連携推進法人Ｂ（以下「Ｂ推進法人」という。）は、社会福祉法人Ａ（以下「Ａ法人」という。）、社会福祉法人Ｃ及び社会福祉事業を経営する株式会社Ｄの３人の社員により構成されている。

　この度、Ａ法人は、自らが営む特別養護老人ホームの採算が芳しくないことから、特別養護老人ホームの運営を取りやめるとともに、解散の上、清算することを考えている。Ａ法人がＢ推進法人の社員になっていることは、Ａ法人の解散に何らかの支障があるか。

POINT	・社員の解散は、一般社団法人の社員の退社事由である
	・社会福祉連携推進法人は、社会福祉法人その他社会福祉事業を経営する者又は社会福祉法人の経営基盤を強化するために必要な者として厚生労働省令で定める者を社員とし、社会福祉法人である社員の数が社員の過半数であることが求められている

誤認例	社会福祉法人の解散に当たり、社会福祉連携推進法人の社員となっていることは、何ら支障とならない。

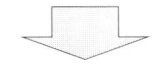

本当は	社会福祉法人が社会福祉連携推進法人の社員となっていることは、当該社会福祉法人の解散自体に支障となるも

のではないが、当該社会福祉法人の解散により、社会福祉連携推進法人における社会福祉連携推進認定が取り消される可能性がある。

解　説

1　社会福祉連携推進法人制度

　社会福祉連携推進法人制度とは、①社員（ここでは、「従業員」という意味ではなく、社会福祉連携推進法人における「社員」を意味します。）の社会福祉に係る業務の連携を推進し、②地域における良質かつ適切な福祉サービスを提供するとともに、③社会福祉法人の経営基盤の強化に資することを目的として、福祉サービス事業者間の連携方針の新たな選択肢として、「地域共生社会の実現のための社会福祉法等の一部を改正する法律」（令２法52）に基づき、2022年４月から施行されたものです。

　社員の創意工夫による多様な取組を通じて、地域福祉の充実、災害対応力の強化、福祉サービス事業に係る経営の効率化、人材の確保・育成等の推進を行っています。

　社会福祉連携推進法人となるためには、社会福祉連携推進業務を行おうとする一般社団法人が一定の基準に適合する一般社団法人であることについて所轄庁の認定を受ける必要があり（社福125）、かかる基準の内容として、次の者を社員とすること及び社会福祉法人である社員の数が社員の過半数であることが求められています（社福127二、社福規40①）。

①　社会福祉法人

②　その他社会福祉事業を経営する者

③　社会福祉事業等に従事する者の養成機関を経営する法人
④　社会福祉を目的とする事業（社会福祉事業を除きます。）を経営する法人

2　社員である社会福祉法人が解散する場合

　社会福祉連携推進法人は、その名称中に「社会福祉連携推進法人」という文字を用いているものの（社福130①）、その実は一般社団法人なので（社福128一イ参照）、「一般社団法人及び一般財団法人に関する法律」の適用を受けます。そのため、社員の解散は、当該社員の退社事由となります（一般法人29三）。したがって、社会福祉連携推進法人の社員である社会福祉法人が解散すれば、当該社会福祉法人は社会福祉連携推進法人から退社することとなります。そのため、社会福祉連携推進法人の社員構成によっては、社会福祉法人である社員の数が社員の過半数であることという基準を満たさなくなる可能性があります。

　この点、社会福祉連携推進法人が社会福祉法127条各号（5号を除きます。）に掲げる基準のいずれかに適合しなくなったときは、社会福祉連携推進認定をした所轄庁は、社会福祉連携推進認定を取り消すことができるとされています（社福145②一）。

　そのため、解散する社会福祉法人が、社会福祉連携推進法人の社員となっている場合には、自らが解散することにより、社会福祉連携推進認定が取り消されるほどに、社会福祉連携推進法人の社員の構成に影響を与えないかをあらかじめ確認し、検討することが望ましいです。

3　結　論

　A法人がB推進法人の社員になっていることは、A法人の解散自体に支障を与えるものではありませんが、B推進法人の社員であるA法人が解散すると、A法人はB推進法人を退社することとなり、B推進

法人の社員は、社会福祉法人Cと株式会社Dの2法人のみとなってしまい、社会福祉法人である社員の数が社員の過半数であることという基準を満たさなくなってしまいます。

　よって、B推進法人は、社会福祉法127条2号に掲げる基準に適合しなくなったとして、社会福祉連携推進認定を取り消され、単なる一般社団法人になってしまう可能性があります。したがって、A法人としては、解散するに先立ち、B推進法人にその旨を告知しておくことが望ましいです。

【45】　社会福祉法人の残余財産の引渡先は、清算人において自由に決められる！？

　幼保連携型認定こども園を運営していた社会福祉法人Ａ（以下「Ａ法人」という。）は、評議員会の決議及び所轄庁の認可を受けて解散し、代表理事であるＸが代表清算人に就任し、清算事務を行った。

　その結果、こども園における農業学習用に所有していた農地が残余財産となった。そこで、Ｘは、自らの裁量により、家庭菜園を営むために農地の所有を希望しているＸの知り合いに対し、当該農地を譲渡することはできるか。

POINT	・解散した社会福祉法人の残余財産は所轄庁に対する清算結了の届出の時において、定款の定めるところにより、その帰属すべき者に帰属する（合併及び破産手続開始の決定による解散の場合を除く。） ・これによって処分されない財産は、国庫に帰属する

誤認例	解散した社会福祉法人の財産の帰属は、清算人において自由に決めることができる。

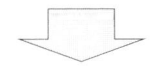

本当は	解散した社会福祉法人の財産は、合併及び破産手続開始の決定による解散の場合を除き、所轄庁に対する清算結了の届出の時において、定款の定めるところにより、その帰属すべき者に帰属する。

解　説

1　清算人による清算事務

　社会福祉法人が解散した場合（合併により解散した場合及び破産手続開始の決定により解散した場合であって、当該破産手続が終了していない場合を除きます。）には、清算をしなければならず（社福46の3一）、清算人が清算事務を担うこととなります。

　なお、清算法人（社会福祉法の規定により清算する社会福祉法人をいいます（社福46の4）。）の清算人は、社会福祉法人の定款で定める者、又は評議員会の決議によって選任された者がいる場合を除き、社会福祉法人の理事が就任します（社福46の6①）。

　清算人は、まず、社会福祉法人の現務を結了させるとともに、債権の取立て及び債務の弁済を行います（社福46の9一・二）。そして、債務を弁済した後に、清算法人に残余財産が存在する場合には、当該残余財産の引渡しも、清算人の職務に該当します（社福46の9三）。なお、清算法人の残余財産は、その存否又は額について争いのある債権に係る債務についてその弁済をするために必要と認められる財産を留保した場合を除き、清算法人の債務を弁済した後でなければ、引渡しをすることができません（社福46の33）。

2　残余財産の帰属

　清算法人は、清算事務が終了したときは、遅滞なく、決算報告を作成し、（清算人会が設置されている場合には、清算人会の承認を受けた後）評議員会に提出し、又は提供し、その承認を受ける必要があります（社福47の2①～③）。これにより、清算が結了することとなりますので、清算結了の日から2週間以内に、当該清算法人の主たる事務所の所在地において、清算結了の登記を行うとともに（組登令10）、清算人は

所轄庁に対して清算結了の届出を行うこととなります（社福47の5）。

　そして、解散した社会福祉法人の残余財産については、合併（合併により当該社会福祉法人が消滅する場合に限ります。）及び破産手続開始の決定による解散の場合を除き、かかる所轄庁に対する清算結了の届出の時において、定款の定めるところにより、その帰属すべき者に帰属します（社福47）。

　この点、社会福祉法人では、「解散に関する事項」が定款の必要的記載事項とされており（社福31①十三）、当該事項中に、残余財産の帰属すべき者に関する規定を設ける場合には、その者は、社会福祉法人その他社会福祉事業を行う者のうちから選定されるようにしなければならないとされています（社福31⑥）。かかる規定を受けて、例えば、社会福祉法人の定款上、解散した場合における残余財産について、「評議員会の決議を経た上で、社会福祉法人その他社会福祉事業を行う者のうちから選定された者に帰属する」旨定められている場合があります。そのため、かかる定款の定めが設けられている場合には、残余財産の帰属先を決めるに当たり、評議員会の決議を経る必要があります。

　以上のとおり、解散した社会福祉法人の残余財産の帰属先については、清算人において自由に処分することはできず、社会福祉法人の定款に拘束されることとなります。

3　国庫への帰属

　定款に残余財産の帰属すべき者について定められているからといって、定款上、帰属先について特に指定されていない残余財産や、譲受けを希望する社会福祉法人その他社会福祉事業を行う者が現れない残余財産も存在し得るところです。この点、かかる残余財産については、清算人において自由に処分することができるかといえば、そうではなく、定款の定めに従って処分されない残余財産は、国庫に帰属するものとされています（社福47②）。

4　結　論

　A法人の残余財産は、所轄庁に対する清算結了の届出の時において、定款の定めるところにより、その帰属すべき者に帰属することから、Xが自らの裁量により、家庭菜園を営むために農地の所有を希望しているXの知り合いに対し、残余財産たる農地を譲渡することはできません。

　残余財産となった農地については、A法人の定款の定めるところにより処分することとなり、仮に定款の定めに従って処分されない場合には、国庫に帰属します。

第4　特定非営利活動法人（NPO法人）

【46】　事業の成功が不能になった場合は、当然に解散することになる！？

　観光の振興を図ることを目的として活動していた特定非営利活動法人（以下「NPO法人」という。）A（以下「A法人」という。）は、受益対象者が減少したことで、近時は損失を計上し続けており、事業の継続が困難な状態に陥っていた。理事Xは、これまでも受益対象者の増加や募集等に努めてきたが、早期に改善する見通しが立たないことから、A法人の解散を検討している。Xはどのように解散の手続を進めればよいか。

POINT	・事業の成功の不能に至ったかは、一義的に明確であるとは限らないため、所轄庁の認定の手続を経る必要がある

誤認例	事業の成功の不能に至った場合は、特段の手続を経ることなく、任意の判断で解散することができる。

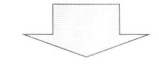

本当は	事業の成功の不能に至ったかを判断するため、所轄庁の認定の手続を経なければ解散することはできない。

解　説

1　NPO法人の解散事由

NPO法人の解散事由は、以下のとおりです。

① 　社員総会の決議（NPO法31①一）

② 　定款で定めた解散事由の発生（NPO法31①二）

③ 　目的とする特定非営利活動に係る事業の成功の不能（NPO法31①三）

④ 　社員の欠亡（NPO法31①四）

⑤ 　合併（NPO法31①五）

⑥ 　破産手続開始の決定（NPO法31①六）

⑦ 　設立の認証の取消し（NPO法31①七）

　NPO法人の解散は、NPO法人が自身の意思で解散する任意解散（解散事由①及び③）と、NPO法に定められた一定の事由に該当することによって解散することになる法定解散（解散事由②、④及び⑤ないし⑦）とに大別されます。

　このうち、目的とする特定非営利活動に係る事業の成功の不能（解散事由③）は、当該NPO法人が存続する目的である事業の成功の不能に至った場合には、当該NPO法人を存続させる意味がなくなるため、解散すべきこととされるものです。そして、この事業の成功の不能は、一義的とはいえない面があるため、所轄庁の認定を受けなければ解散の効力が生じないものとされ（NPO法31②）、この認定を受けようとするときは、事業の成功の不能を証する書面を、所轄庁に提出しなければならないとされています（NPO法31③）。

2　結　論

　XがA法人を解散するためには、収支の悪化を示す活動計算書や、

計算書類の内容が報告された社員総会議事録等を添付するなどして、事業の成功が不能となるに至った理由や経緯を詳細に説明し、所轄庁の認定を受ける必要があります。

　したがって、A法人は、事業の成功が不能になった場合であっても、当然に解散することにはなりません。

【47】　残余財産に余剰が生じたときは、出資者（設立者）に分配される！？

　特定非営利活動法人（以下「NPO法人」という。）A（以下「A法人」という。）は、定款で、存続期間について、「この法人の存続期間は令和〇年〇月〇日までとする」と定められていた。その後、存続期間が満了したことから、定款で定めた解散事由が発生することとなった。

　A法人の理事Xは、清算人に就任して清算事務を行う予定である。残余財産の引渡しが可能になった場合は、出資者（設立者）であるXは、これを受け取ることができるか。

POINT	・解散したNPO法人の残余財産は合併及び破産手続開始の決定による解散の場合を除き、所轄庁への清算結了の届出の時において、定款で定める帰属先に帰属する（NPO法32①） ・定款に定めがないときは、清算人が所轄庁の認証を得て、その財産を国又は地方公共団体に譲渡することができる（NPO法32②） ・定款に定めがなく、かつ、所轄庁の認証を得た上での譲渡もなされない場合は、国庫に帰属する（NPO法32③）

誤認例	NPO法人であっても、残余財産は出資者（設立者）に分配できる。

本当は	NPO法人は、法律で残余財産の帰属先が限定されており、出資者（設立者）に残余財産が分配されることはない。

解　説

1　残余財産の引渡し

　NPO法人が解散したときは、清算人は、清算事務を遂行し、現務の結了、債権の取立て及び債務の弁済の完了後において残余財産が存在する場合は、残余財産の引渡しを行う必要があります（NPO法31の9①）。

2　残余財産の分配先

　NPO法人における残余財産の分配先は、次のとおり法定されています。

　第一次的には、定款で定める帰属先に帰属します（NPO法32①）。ただし、定款で定める帰属先については、NPO法人の非営利性から、他のNPO法人、国又は地方公共団体、公益社団法人、公益財団法人、学校法人、社会福祉法人、更生保護法人に限定されています（NPO法11③）。なお、事前に定款の定めがなかったときは、解散前に定款に具体的な帰属先を明記する旨の定款変更を行うことで、残余財産の帰属先を指定することができますが、定款の変更の認証（NPO法25③）までに数か月の期間が必要になることがありますので、解散のスケジュールとの関係には注意を要します。

　第二次的には、定款に定めがないときは、清算人が所轄庁の認証を得て、その財産を国又は地方公共団体に譲渡することができます（NPO法32②）。

　以上の定款の定めや所轄庁の認証を得た上での譲渡がなされないときには、国庫に帰属することになります（NPO法32③）。

　このように、法律上、NPO法人の残余財産は、出資者（設立者）に分配されることが予定されていません。

3　結　論

　NPO法人の場合には、出資者（設立者）であっても、法律で残余財産の帰属先が限定されていますので、XがA法人の残余財産を受け取ることはできません。

【48】　残余財産の帰属先は、清算人において自由に決められる！？

　特定非営利活動法人（以下「NPO法人」という。）A（以下「A法人」という。）は、近時活動を縮小しており、このまま事業を継続すれば、早晩、債務超過に陥ってしまうことが予想されたため、理事Xは、やむを得ずA法人を解散することを検討している。Xは、日頃からA法人に協力的であった株式会社B（以下「B社」という。）に残余財産を帰属させたいと考えている。Xは、A法人の社員総会の決議において、残余財産の帰属先をB社とすることはできるか。

POINT
- ・NPO法人の残余財産の帰属先は、法律上限定されている
- ・NPO法人の非営利性から、株式会社を残余財産の帰属先に指定することはできない

誤認例	NPO法人であっても、残余財産の帰属先は、清算人において自由に決定することができる。

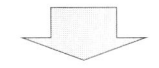

本当は	NPO法人は、法律で残余財産の帰属先が限定されているため、清算人において自由に決定することはできない。

解　説

1　NPO法人の残余財産の帰属先

NPO法人の残余財産の帰属先は、以下の順で決定されます（【47】参照）。

① 定款で定める帰属先に帰属する（NPO法32①）

② 定款に定めがないときは、清算人が所轄庁の認証を得て、その財産を国又は地方公共団体に譲渡することができる（NPO法32②）

③ 定款の定めや所轄庁の認証を得た上での譲渡がなされないときは、国庫に帰属する（NPO法32③）

株式会社に残余財産を帰属させようとするときは、定款で帰属先を定めておく、又は定款変更によって帰属先を定める方法を検討することになりますが、そもそも定款で定める帰属先についても法律上の限定があります。具体的には、NPO法人の非営利性から、他のNPO法人、国又は地方公共団体、公益社団法人、公益財団法人、学校法人、社会福祉法人、更生保護法人に限定されています（NPO法11③）。

したがって、株式会社を残余財産の帰属先に指定することはできません。

2　結　論

Xは、社員総会の決議によっても、B社を残余財産の帰属先とすることはできません。

A法人の残余財産の帰属先とすることができるのは、他のNPO法人、国又は地方公共団体、公益社団法人、公益財団法人、学校法人、社会福祉法人、更生保護法人に限定されます。

第5　宗教法人

【49】　信者が反対していると宗教法人は任意解散をすることができない！？

　寺院を運営するＡ宗教法人（以下「Ａ法人」という。）は、代表役員であり寺院の住職でもあるＸが高齢で、かつ、後継者もいないことから、解散することを検討している。しかしながら、Ａ法人には一部の熱心な信者がおり、これらの信者は解散に反対することが予想される。信者が反対しているとＡ法人は任意解散をすることができないか。

POINT	・宗教法人が任意解散をしようとする場合、信者その他の利害関係人に対し、解散に意見があればこれを申し述べるべき旨を公告しなければならない（宗法44②） ・反対の意見が出された場合、その意見を十分に考慮して解散の手続を進めるかどうか再検討しなければならないが（宗法44③）、再検討をした上で、解散の手続を進めることは可能である

誤認例	宗教法人は、信者がいることで成り立っていることから、信者が反対した場合には任意解散をすることができない。

本当は	宗教法人は、信者が反対した場合であっても、その意見を十分に考慮して、解散の手続を進めるかどうかを再検討すれば、任意解散をすることができる。

解　説

1　宗教法人の解散による影響

　宗教法人とは、宗教法人法により法人となった宗教団体のことであり（宗法4②）、宗教団体は、宗教の教義を広め、儀式行事を行い、及び信者を教化育成することを主たる目的としていることから（宗法2）、一定の活動を行っている宗教法人には信者、債権者等の利害関係人が存在します。

　そのため、宗教法人が解散し、消滅する場合には、当然のことながら、信者等の利害関係人に影響を与えます。

2　信者その他の利害関係人の意見の考慮

　宗教法人が任意解散をしようとする場合（宗法43①）、信者その他の利害関係人に対し、解散に意見があればその公告の日から2か月を下らない一定の期間内にこれを申し述べるべき旨を公告しなければなりません（宗法44②）。

　そして、信者その他の利害関係人が前記の期間内にその意見を申し述べたときは、宗教法人は、その意見を十分に考慮して、その解散の手続を進めるかどうかについて再検討しなければなりません（宗法44③）。

　再検討をすることは、解散について所轄庁の認証を受ける際の審査対象となるため（宗法46①）、信者その他の利害関係人から出された意見に全く耳を傾けないようなことになれば、所轄庁の認証を受けられず、解散の手続が進められない可能性があります。

　そのため、反対意見を含めた一定の意見が出された場合には、当該意見について十分に考慮した上で、責任役員会等で解散の手続を進めるかどうかについて再検討する必要があります。

　もっとも、再検討の結果、やはり解散の手続を進めることが相当と判断した場合には、その解散の手続を進めることが可能です。

3　ソフト・ランディングの実施

　公告等により突如として解散の事実を知った場合、解散に納得できない信者等の利害関係人が強硬に反対意見を述べてくる可能性があり、場合によっては解散の手続に対する事実上の妨害がなされることも想定され、解散の手続に支障を来す可能性があります。

　そのため、宗教法人が任意解散をしようとする場合には、解散の手続を進める前に、あらかじめ信者等の利害関係人に十分に説明を行い、手続に理解を得るようにしておく、いわゆる「ソフト・ランディング」を図ることが望ましいです。

4　結　論

　Xは、A法人を任意解散しようとする場合、信者その他の利害関係人に対し、解散に意見があれば一定の期間内にこれを申し述べるべき旨を公告しなければなりません（宗法44②）。

　その上で、前記の期間内に意見が出された場合、その意見を十分に考慮して、解散の手続を進めるかどうかについて再検討しなければなりません（宗法44③）。

　再検討の結果、解散の手続を進めることが相当と判断すれば、そのまま解散の手続を進めることが可能です。

　また、任意解散の手続を進める場合には、ソフト・ランディングを図るため、信者を含む重要な利害関係人に対しては、あらかじめ解散する理由を説明するなどして可能な限り解散に納得してもらえるようにしておくことが望ましいでしょう。

【50】　解散命令は誰でも請求できる！？

　Bは、テレビやインターネットの報道により、宗教法人Aがテロ事件を引き起こしたことを知った。Bは、宗教法人Aとは無関係であったが、今度は自分がテロ事件に巻き込まれるかもしれないと不安になり、宗教法人Aの解散命令を裁判所に請求したいと考えた。Bは、宗教法人Aの解散を請求することはできるか。

POINT	・宗教法人の解散命令を請求できるのは、所轄庁、利害関係人及び検察官のみである
	・利害関係人とは、当該宗教法人の包括宗教法人、債権者、債務者、信者等宗教法人の存続に利害関係を有する者に限られる

誤認例	テロ事件等社会的に重大な事件を引き起こした宗教法人については、誰しも自己の身に危険が及ぶ可能性があるため、誰でも裁判所に解散命令を請求できる。

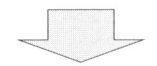

本当は	裁判所に解散命令を請求できるのは、所轄庁、利害関係人及び検察官だけであるため、当該宗教法人と無関係である者は裁判所に解散命令を請求することはできない。

解　　説

1　解散命令の規定

　宗教法人法は、宗教法人の法定解散事由の1つとして、裁判所によ

る解散命令を定めています（宗法43②五）。

　裁判所は、宗教法人について次の事項の1つに該当する事由がある
と認めたときは、所轄庁、利害関係人若しくは検察官の請求により又
は職権で、その解散を命じることができます（宗法81①）。

① 　法令に違反して、著しく公共の福祉を害すると明らかに認められ
　る行為をしたこと

② 　宗教法人法2条に規定する宗教団体の目的（宗教の教義を広め、
　儀式行事を行い、及び信者を教化育成すること）を著しく逸脱した
　行為をしたこと又は1年以上にわたってその目的のための行為をし
　ないこと

③ 　当該宗教法人が宗教法人法2条1号に掲げる宗教団体（いわゆる
　単位宗教団体）である場合には、礼拝の施設が滅失し、やむを得な
　い事由がないのにその滅失後2年以上にわたってその施設を備えな
　いこと

④ 　1年以上にわたって代表役員及びその代務者を欠いていること

⑤ 　宗教法人法14条1項又は39条1項の規定による認証（設立や合併
　に係る認証）に関する認証書を交付した日から1年を経過している
　場合において、当該宗教法人について宗教法人法14条1項1号又は
　39条1項3号に掲げる要件を欠いていることが判明したこと

2　請求権者

　宗教法人の解散命令を請求できるのは、所轄庁、利害関係人若しく
は検察官です（宗法81①）。

　まず、所轄庁は、当該宗教法人の主たる事務所の所在地を管轄する
都道府県知事（宗法5①）又は文部科学大臣（宗法5②）となります。

　また、利害関係人とは、大阪高裁昭和38年6月10日決定（下民14・6・
1127）によれば、宗教法人の存続に利害関係を有するものと解され、具

体的には、当該宗教法人の包括宗教法人、債権者、債務者に加え、信者をも含むものと解されています。なお、同決定では、元信者は利害関係人に該当しないと判断されています。

3　結　論

　本事例において、Bは、宗教法人Aとは無関係であり、「利害関係人」（宗法81①）に該当しないため、宗教法人Aの解散命令を裁判所に請求することはできません。

　もっとも、宗教法人が社会的に重大な事件を引き起こした場合等には、所轄庁や検察官が裁判所に解散命令を請求することもあるでしょうし（東京都知事及び東京地方検察庁検事正が解散命令を請求した事例として、東京地裁平成7年10月30日決定（判時1544・43）、文部科学大臣が解散命令を請求した事例として、和歌山地裁平成14年1月24日決定（訟月48・9・2154））、場合によっては、裁判所が「職権で」解散を命じることもあるでしょう。

《参考となる判例等》
○文部科学大臣の請求により、宗教法人に対し、宗教法人法81条1項1号及び2号前段に該当する事由があるとして、解散を命じる決定がなされた事例（和歌山地決平14・1・24訟月48・9・2154）
○東京都知事及び東京地方検察庁検事正の請求により、宗教法人に対し、宗教法人法81条1項1号及び2号前段に該当する事由があるとして、解散を命じる決定がなされた事例（東京地決平7・10・30判時1544・43）
○宗教法人法81条1項にいう「利害関係人」とは、宗教法人の存続に利害関係を有する者と解すべきであり、当該宗教法人の包括宗教法人、債権者、債務者に加え、信者をも含むとした事例（大阪高決昭38・6・10下民14・6・1127）

【51】　解散命令等による法定解散でも、任意解散と同じ手続でできる！？

　B県知事は、所轄している宗教法人Ａ（以下「Ａ法人」という。）がテロ事件を引き起こしたことから、裁判所に対し、Ａ法人の解散命令を請求した。Ａ法人に対し解散命令がなされた場合、どのような手続が必要となるか。また、任意解散の場合とどのような違いがあるか。

POINT	・任意解散は、宗教法人側で所定の手続を行い、所轄庁による認証書の交付により初めて解散の効力が生じるのに対し（宗法44〜47）、法定解散は、解散事由の発生により解散の効力が生じる（宗法43②） ・清算人の選任の方法及び解散・清算人就任の登記の方法は、任意解散はもとより、法定解散の中でも解散事由ごとに異なる ・清算手続自体は、任意解散及び法定解散のいずれの場合も同じである

誤認例	宗教法人は、解散命令等の法定解散をする場合であっても、解散すること自体は任意解散と異ならないため、解散及び清算の手続は任意解散の場合と同じである。

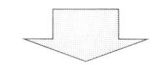

本当は	解散の手続は、任意解散と法定解散の場合で異なる上、清算人の選任の方法及び解散・清算人就任の登記の方法は、任意解散はもとより、法定解散の中でも解散事由ご

とに異なる。

一方、清算手続自体は任意解散及び法定解散のいずれの場合も同じである。

解　　説

1　宗教法人の解散事由

　宗教法人の解散事由は、宗教法人自身の意思で解散を決定する「任意解散」(宗法43①) と、それ以外の一定の解散事由に該当することによって解散することとなる「法定解散」(宗法43②) の大きく2種類があり、法定解散にはさらに次の種類があります (宗法43②)。

① 規則で定める解散事由の発生

② 合併 (合併後存続する宗教法人における当該合併を除きます。)

③ 破産手続開始の決定

④ 所轄庁の認証の取消し

⑤ 裁判所の解散命令

⑥ 包括宗教法人におけるその包括する宗教団体の欠亡

2　解散の手続における相違点

（1）　任意解散の場合

　宗教法人が任意解散をしようとする場合、次の手続が必要となります。

① 解散の意思決定 (宗法44②・19)

② 解散の公告及び意見申述があった場合の再検討 (宗法44②③)

③ 解散の認証の申請 (宗法45)

④ 所轄庁の認証 (宗法46)

　これらの手続を経た後、所轄庁による認証書の交付により、任意解散の効力が生じます (宗法47)。

（2）　法定解散の場合

　法定解散の場合、前記（1）の各手続を経ることなく、解散事由の発生により解散の効力が生じます。

3　清算人の選任の方法及び登記における相違点

（1）　任意解散の場合

　規則に別段の定めがある場合及び別の者を選任した場合を除き、代表役員又はその代務者が清算人となり（宗法49①）、清算人となる者がないとき、又は清算人が欠けたため損害を生ずるおそれがあるときは、裁判所は清算人を選任することができます（宗法49②）。

　清算人は、解散及び清算人就任の登記をし（宗法57・53・52②六）、その旨を所轄庁に届け出なければなりません（宗法9）。

（2）　法定解散の場合

　　　ア　規則で定める解散事由の発生（宗法43②一）・包括宗教法人におけるその包括する宗教団体の欠亡（宗法43②六）

　清算人の選任の方法及び解散・清算人就任の登記のいずれの手続も、任意解散と同様です。

　　　イ　合併（宗法43②二）

　清算手続を行うわけではないため、清算人は選任されませんが（宗法49①）、解散の登記をした上で（宗法56）、その旨を所轄庁に届け出なければなりません（宗法9）。

　　　ウ　破産手続開始の決定（宗法43②三）

　裁判所が、清算人ではなく、破産管財人を選任した上（破産74①）、裁判所書記官が、職権で破産手続開始の登記の嘱託を行います（破産257）。

　宗教法人は、破産手続開始により解散した旨を所轄庁に届け出なければなりません（宗法43③）。

　　　エ　所轄庁の認証の取消し（宗法43②四）・裁判所の解散命令（宗法43②五）

　裁判所が、所轄庁、利害関係人若しくは検察官の請求により又は職

権で、清算人を選任します（宗法49③）。

　さらに、認証の取消しの場合は所轄庁が（宗法80⑥）、解散命令の場合は裁判所が（宗法81⑥）、解散の登記の嘱託を行います。

　その上で、清算人は、清算人就任の登記をし（宗法53・52②六）、その旨を所轄庁に届け出なければなりません（宗法9）。

4　清算手続

　任意解散及び法定解散のいずれの場合も、清算人は以下の手続を行います。ただし、前記3のとおり、合併及び破産手続開始の決定による解散の場合はそもそも清算人自体が選任されず、清算手続も行われません。

① 債権者に対する公告及び知れている債権者への各別の催告（宗法49の3）

② 現務の結了（宗法49の2①一）

③ 債権の取立て及び債務の弁済（宗法49の2①二）

④ 残余財産の引渡し（宗法49の2①三・50）

⑤ 清算結了の登記（宗法58）

⑥ 所轄庁への届出（宗法9）

5　結　論

　本事例において、A法人は、任意解散の場合のように宗教法人側による所定の手続を経ることなく、裁判所による解散命令が確定することにより、解散します。

　その後、裁判所が、清算人を選任した上（宗法49③）、解散の登記の嘱託を行います（宗法81⑥）。

　清算人は、清算人就任の登記をし（宗法53・52②六）、その旨を所轄庁に届け出た上で（宗法9）、前記4の清算手続を進めることになります。

【52】　宗教法人が墓地を運営していても、解散すれば自由に墓地を廃止できる！？

　宗教法人Ａの解散に伴い、Ｘが清算人に選任された。宗教法人Ａは従前から墓地を運営していたところ、解散に際して、墓地運営の承継先が見つからなかったことから、墓地の廃止を予定している。Ｘは、特段の手続を経ることなく、自由に墓地を廃止することができるか。

POINT	・墓地を廃止するためには、都道府県知事（市又は特別区にあっては市長又は区長）の許可が必要（墓地10②） ・墓地廃止の許可を受けるためには、市町村長（特別区の区長を含む。）の許可を得て、改葬手続を完了しておくことが必要（墓地5①）

誤認例	宗教法人が解散した場合、墓地運営を含めて解散前から行っている事務（現務）は終了することになるため、特段の手続を経ることなく、自由に墓地を廃止することができる。

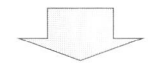

本当は	墓地には死体の埋葬等がされていることから、自由に廃止することは許されず、廃止するためには、都道府県知事（市又は特別区にあっては市長又は区長）の許可が必要である上、墓地廃止の許可を受けるためには、市町村長（特別区の区長を含む。）の許可を得て、改葬手続を完了しておくことも必要である。

解　説

1　墓地の廃止

　清算人は、宗教法人が解散前から行っている事務（現務）を整理し、終結していない事務を終了（結了）させる必要があります（宗法49の2①一）。

　その一環として、宗教法人が墓地を運営している場合には、他の宗教法人等に当該墓地の運営を承継するなどして墓地の存続が可能な場合を除き、墓地の廃止をするため、都道府県知事（市又は特別区にあっては市長又は区長）の許可を受けなければなりません（墓地10②）。

2　改葬手続

　墓地廃止の許可処分については、原則として当該墓地に埋葬された死体又は埋蔵された焼骨の改葬（「埋葬した死体を他の墳墓に移し、又は埋蔵し、若しくは収蔵した焼骨を、他の墳墓又は納骨堂に移すこと」（墓地2③））が全て完了した後に行うべきとされています（昭44・7・7環衛9093、昭45・2・20環衛25）。

　そのため、墓地廃止の許可を受けるためには、市町村長（特別区の区長を含みます。）の許可を得て、改葬手続を完了しておく必要があります（墓地5①）。

　また、改葬許可の申請は、埋葬等された死亡者ごとに必要となる上、申請者は当該墓地の使用者となるため、清算人としては、墓地の各使用者と協力して改葬手続を進める必要があります。

　なお、墓地の廃止手続や改葬手続については、地方公共団体ごとに取扱いが異なる場合がありますので、手続を円滑に進めるために、事前に各地方公共団体との間で協議をしておくことが望ましいといえます。

3　結　論

　本事例において、Xは、墓地を廃止するに当たり、都道府県知事（市又は特別区にあっては市長又は区長）の許可を得る必要があります。

　また、当該許可を得るためには、市町村長（特別区の区長を含みます。）の許可を得て、改葬手続を完了しておく必要があるため、事前に当該地方公共団体との間で協議をして手続を確認しつつ、墓地の各使用者と協力しながら、改葬手続を進める必要があります。

【53】　宗教法人の清算が結了すると宗教団体も消滅する！？

　宗教法人Ａ（以下「Ａ法人」という。）の信者であるＢは、Ａ法人が解散手続を進めていることを知った。Ｂは、これまで熱心に信仰してきたことから、Ａ法人の解散後も信仰を続け、宗教活動を継続したいと考えているが、Ａ法人が解散した場合であっても、宗教団体自体は消滅することなく、Ｂは宗教活動を続けることができるか。

POINT	・解散した宗教法人は、清算の結了により消滅するが、宗教団体自体が当然に消滅するわけではない ・宗教法人の消滅後、信者が、宗教団体を存続させるなどして、宗教活動を継続することは可能である

誤認例	宗教法人が解散し、清算が結了した場合、当該宗教法人が消滅することから、当然に宗教団体も消滅し、信者は宗教活動ができなくなる。

本当は	宗教法人は、宗教団体に法人格が付与されたものであることから、解散後、清算の結了により宗教法人が消滅し、法人格を失ったとしても、宗教団体自体が当然に消滅するわけではなく、信者は宗教活動を続けることができる。

解　　説

1　宗教法人消滅後の宗教団体

　解散した宗教法人は、清算の目的の範囲内において存続し、清算の結了により消滅します（宗法48の２）。

　しかしながら、そもそも宗教法人は宗教団体に法人格が付与されたものであることから（宗法１①・４②）、宗教法人が解散して法人格を失ったとしても、宗教団体自体が当然に消滅するわけではありません。そのため、解散後、信者が、法人格を有しない宗教団体を存続させ、あるいは、これを新たに結成することが妨げられるわけではなく、また、宗教上の行為を行い、その用に供する施設や物品を新たに調えることが妨げられるわけでもありません（最決平８・１・30判時1555・３）。

2　残余財産の処分に関する宗教法人法の定め

　解散した宗教法人（合併及び破産手続開始の決定による解散の場合を除きます。）については、清算人により、債権の取立て及び債務の弁済が行われ（宗法49の２①二）、なおも残余財産がある場合には、以下の順序に従って、残余財産の引渡しが行われます（宗法49の２①三・50①）。

①　残余財産の処分方法が規則に定められている場合には、その定めに従います。

②　残余財産の処分方法が規則に定められていない場合には、他の宗教団体又は公益事業のためにその財産を処分することができます。

③　①、②で処分されなかった財産は、国庫に帰属することになります。

　なお、合併及び破産手続開始の決定による解散の場合には、前記とは異なり、それぞれの手続の中で財産の処分が行われることとなります。

3　残余財産の処分方法に関する規則の定め

　残余財産の処分方法を規則に定める場合（前記2①の場合）、残余財産の帰属者を直接指定することや帰属者を指定する方法を定めることが考えられ、具体的には、「残余財産は解散当時の住職に帰属する。」「残余財産は責任役員会で選定した者に帰属する。」などと定める例があります。

　そして、住職等の一定の者に残余財産が帰属することとなる場合、その者の協力を得ることができれば、残余財産を宗教団体の宗教活動に利用することも可能です。

4　結　論

　A法人は、解散後、清算の結了により消滅します。

　しかしながら、宗教団体自体は当然に消滅するわけではなく、Bを含めた信者が当該宗教団体を存続させることは可能であり、Bは引き続き宗教活動を続けることができます。

　その際、残余財産が帰属する者の協力を得ることができれば、Bは残余財産を利用して宗教活動を行うことも可能となります。

《参考となる判例等》
○解散命令によって宗教法人が解散しても、信者は、法人格を有しない宗教団体を存続させ、あるいは、これを新たに結成することが妨げられるわけではなく、また、宗教上の行為を行い、その用に供する施設や物品を新たに調えることが妨げられるわけでもないとした事例（最決平8・1・30判時1555・3）

第6　学校法人

【54】　理事会が決議をすれば、学校法人を解散させることができる！？

　学校法人Ａ（以下「Ａ法人」という。）は、昨今の少子化の煽りを受けて入学者が減少したため、学校を閉鎖して、Ａ法人を解散させることになった。理事会が解散の決議をすれば、Ａ法人を解散することができるか。なお、Ａ法人は、寄附行為作成例と同様の寄附行為の定めがあるものとする。

　ただし、Ａ法人は、文部科学大臣が所轄庁である学校法人及びそれ以外の学校法人でその事業の規模又は事業を行う区域が政令で定める基準に該当する学校法人（以下「大臣所轄学校法人等」という。）ではないものとする。

POINT	・理事会において、理事の総数の３分の２以上の決議による決定及び法令又は寄附行為で更に評議員会の議決を要するものと定められている場合には、その議決が必要となる ・評議員会の議決を要するとされていない場合においても、あらかじめ評議員会の意見を聴く必要がある

誤認例	理事会が解散の決議をすれば、学校法人を解散させることができる。

本当は	理事会の決議のみでは学校法人を解散させることができず、あらかじめ評議員会の意見を聴く必要がある。 また、寄附行為において、解散に当たり評議員会の議決を要する旨の定めがある場合には、評議員会の議決を得る必要がある。

解　説

1　学校法人の解散事由

学校法人の解散事由は、以下のとおりとされています。

① 　理事会の決議による決定（私学109①一）

② 　寄附行為に定めた解散事由の発生（私学109①二）

③ 　目的たる事業の成功の不能（私学109①三）

④ 　学校法人又は専修学校若しくは各種学校との合併（私学109①四）

⑤ 　破産手続開始の決定（私学109①五）

⑥ 　所轄庁の解散命令（私学109①六）

そして、①の場合について、大臣所轄学校法人等（私学143）のように理事会による解散の決議を行うに当たって評議員会の決議を要するとされている場合（私学150前段）や、寄附行為において解散の決議を行うに当たり評議員会の議決を要する旨の定めがある場合等を除いて、理事会は、あらかじめ評議員会の意見を聴く必要があります（私学109②）。

なお、学校法人寄附行為作成例（令和6年3月5日大学設置・学校法人審議会（学校法人分科会）決定）においては、評議員会の議決を要しない場合の条項例も掲載されていますが、「理事会の決議及び評議員会の決議による決定」とされています。

評議員会の議決が必要か、意見の聴取で足りるかについては、当該

学校法人の寄附行為を確認する必要がありますが、いずれにしても、任意に学校法人を解散させる場合には、必ず評議員会の関与が必要となります。

2　結　論

　A法人の寄附行為において、解散の決議に当たり評議員会の議決を要する旨を定めているのであれば、評議員会の議決が必要となります。

　そうでないとしても、理事会の解散の決議に先立ち、理事会は、評議員会の意見を聴かなければなりません。

　したがって、A法人は、理事会の解散の決議だけでは解散することはできません。

【55】　学校法人の清算手続は6か月前に準備を開始すれば問題ない！？

　学校法人A（以下「A法人」という。）は、昨今の少子化の煽りを受けて入学者が減少したため、学校を閉鎖して、A法人を解散させることになった。A法人は、6か月後に学校法人の清算手続を結了させたいと考えている。

　清算結了予定日の6か月前から清算手続の準備を開始すれば、学校法人の清算手続は終了させることができるか。

POINT	・債務の弁済を行うに当たっては、清算人は、その就任の日から2か月以内に、少なくとも3回の公告をもって、一定の期間内に（2か月以上の期間を設けて）その債権の申出をすべき旨を催告する必要がある

誤認例	学校法人は、3か月程度あれば清算手続を結了することができる。

本当は	清算人は、その就職の日から2か月以内に、2か月以上の期間を設けて、少なくとも3回の公告をもって、その債権の申出をすべき旨を催告する必要があるため、学校法人の清算手続は、最短でも半年はかかる。

解　説

1　清算手続のスケジュール

　学校法人について清算手続が開始されると、破産手続開始の決定及び所轄庁の解散命令を解散事由とする場合を除き、寄附行為に別段の定めがない限り、理事が清算人に就任することになります（私学112①）。

　清算人は、現務の結了、債権の取立て及び債務の弁済並びに残余財産の引渡しを行う必要があるため（私学116）、スケジュールを検討するに当たっては、これらの業務を完了させるのに要する相当な期間を検討しなければなりません。

　もっとも、学校法人の清算手続においては、債務の弁済を実施するに当たって、清算人は、その就職の日から2か月以内に、少なくとも3回の公告をもって、債権者に対し、一定の期間内に（2か月以上の期間を設けて）その債権の申出をすべき旨の催告をする必要があり、当該期間内に清算人に申し出た債権者に対して弁済を行うとされている点に特徴があります（私学117）。

　つまり、どれだけ効率的に清算事務を遂行したとしても、債権者に対する公告期間のみで最低6か月が必要となるため、学校法人の資産を処分したり、債務を弁済したり、残余財産を引き渡したりすると、6か月では到底清算手続を結了させることはできません。

　学校法人の清算手続のスケジュールを検討するに当たっては、前記の公告期間を加味した上で、当該学校法人における清算事務を具体的に検討し、決定する必要があります。

2　結　論

　学校法人の清算手続においては、債務の弁済を実施するに当たって、清算人は、その就職の日から2か月以内に、少なくとも3回の公告を

もって、債権者に対し、一定の期間内に（2か月以上の期間を設けて）その債権の申出をすべき旨の催告をする必要があるため、A法人は、清算結了予定日の6か月前から清算手続の準備を開始していたのでは、清算手続を結了することはできません。

　余裕をもって清算手続の準備を開始するようにしましょう。

【56】　学校法人が解散すれば、設立した学校は当然に廃止される！？

　学校法人Ａ（以下「Ａ法人」という。）は、学校Ｂを運営しているが、少子化の影響により生徒が確保できなくなったため、学校Ｂを廃止し、Ａ法人を解散させることとなった。

　Ａ法人について解散の手続を行えば、当然に学校Ｂは廃止されるか。

POINT	・学校教育法に基づいて、所轄庁に学校廃止の認可を受ける必要がある

誤認例	学校法人について解散の手続を行えば、当然に学校は廃止される。

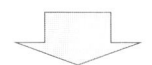

本当は	学校法人について解散の手続を行っても、当然に学校が廃止されることはないため、学校教育法に基づく学校廃止の手続が必要である。

解　　説

1　学校の廃止

　学校を廃止し、学校法人を解散する場合、学校法人の解散に関する所轄庁に対する認可とは別途、学校教育法に基づいて、学校の廃止について認可を受ける必要があります（学教4①、専修学校については学教

130①、各種学校については学教134②・4①)。

　学校廃止の認可を受けるための申請を行うに当たっては、廃止の事由及び時期並びに幼児、児童、生徒又は学生の処置方法を記載した書面等を提出することが求められています（学教規15、専修学校については学教規188・15、各種学校については学教規190・15)。

　また、指導要録の作成が義務付けられている学校においては、指導要録の引継ぎが必要となることについても注意が必要です（学教令31)。

　その他参考事項として、教職員の処置方法や資産の処理方法について説明を求められるなど、必要書類や記載事項については所轄庁によって若干違いがあるため、学校廃止の認可申請を行うに際しては、所轄庁に必要書類や記載事項を確認の上、準備を進める必要があります。

2　結　論

　A法人は、解散の手続を行うのみでは学校Bを廃止できないため、別途学校廃止の認可申請を行うなど、学校廃止の手続を行う必要があります。

【57】　残余財産の帰属先は、清算人において自由に決められる！？

　学校法人Ａ（以下「Ａ法人」という。）は、解散する運びとなり、理事Ｘが清算人に就任して清算事務を行う予定である。

　残余財産の引渡しが可能になった場合、清算人であるＸは、Ａ法人と同様の教育理念を掲げる学校法人を運営する学校法人Ｂ（以下「Ｂ法人」という。）に対し、残余財産を帰属させたいと考えるに至った。

　Ａ法人において清算手続を行い、残余財産が生じた場合に、Ｘは、当然に残余財産をＢ法人に帰属させることができるか。

POINT	・学校法人の残余財産は、合併及び破産手続開始の決定による解散の場合を除き、所轄庁に対する清算結了の届出の時において、寄附行為の定めるところにより、その帰属すべき者に帰属する（私学125①） ・学校法人の残余財産は、寄附行為の定めによって処分されない財産については、国庫に帰属する（私学125②）

誤認例	学校法人の清算に際して、残余財産の帰属先は、清算人において自由に決めることができる。

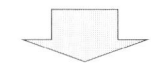

本当は	学校法人の清算に際して、残余財産が生じた場合には、寄附行為に従って残余財産の帰属先が決まる。

解　説

1　残余財産の引渡し

　学校法人が解散したときは、清算人は、清算事務の遂行として、現務の結了、債権の取立て及び債務の弁済を行い、残余財産が発生した場合には、残余財産の引渡しを行う必要があります（私学116①三）。

2　残余財産の帰属先

　合併及び破産手続開始の決定による解散の場合を除いて、解散した学校法人の残余財産の帰属先は、次のように法定されています。

　第一次的には、所轄庁に対する清算結了の届出の時において、寄附行為の定めるところによってその帰属すべき者に帰属することとされています（私学125①）。ただし、寄附行為で定める残余財産の帰属先は、学校法人その他教育の事業を行う者のうちから選定されるようにしなければならないと規定されています（私学23③）。

　所轄庁に対する清算結了の届出の時の寄附行為に従うこととなりますので、清算手続の開始前に、寄附行為を変更して残余財産の帰属先を変更することは可能です。

　しかし、寄附行為の変更には、寄附行為で定められた学校法人内の手続を履践した上で、所轄庁の認可（私学108③）が必要になりますので、解散のスケジュールとの関係には注意を要します。

　そして、寄附行為の定めによって処分されない財産は、国庫に帰属することとされています（私学125②）。

　なお、学校法人寄附行為作成例（令和6年3月5日大学設置・学校法人審議会（学校法人分科会）決定）74条には、残余財産の帰属者について、「解散のときにおける理事会の決議により選定した学校法人又は教育の事業を行う公益社団法人若しくは公益財団法人に帰属する」との定めが

あり、このような定めを置いた学校法人は、解散のときにおける理事
会の決議で残余財産の帰属先を決定することになります。

3　結　論

　XがA法人の残余財産をB法人に帰属させるためには、寄附行為で
それを可能とするための定めが必要となり（そのような定めがない場
合には、寄附行為の変更が必要となります。）、当然に、XがA法人の
残余財産をB法人に帰属させることはできません。

第7　持分会社

【58】　持分会社には債権者保護手続は必要ない！？

　合資会社Ａ（以下「Ａ社」という。）は、任意清算の方法により清算手続を行うこととなった。

　この場合、官報公告及び個別催告といった債権者保護手続を要することなく清算手続を行うことができるか。

<table>
<tr>
<td>POINT</td>
<td>
・合名会社又は合資会社を法定清算の方法により清算する場合、官報公告及び個別催告といった債権者保護手続を要することなく清算手続を行うことができる
・合名会社又は合資会社を任意清算の方法により清算する場合、債権者が財産の処分の方法について異議を述べることができるため、当該異議を述べる前提として、官報公告及び個別催告といった債権者保護手続が必要である
</td>
</tr>
</table>

<table>
<tr>
<td>誤認例</td>
<td>合名会社又は合資会社を清算する場合、債権者保護手続は必要ない。</td>
</tr>
</table>

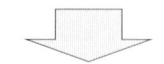

<table>
<tr>
<td>本当は</td>
<td>合名会社又は合資会社を法定清算の方法により清算する場合、債権者保護手続を要することなく清算手続を行うことができるが、任意清算の方法により清算する場合には、債権者が財産の処分の方法について異議を述べるこ</td>
</tr>
</table>

> とができるため、当該異議を述べる前提として、債権者
> 保護手続が必要である。

解　説

1　合名会社及び合資会社における無限責任社員の存在

　合名会社及び合資会社の場合、社員の中には、無限責任社員が存在することとなります（会社576②③）。

　そのため、合名会社及び合資会社の場合、清算したとしても、当該会社の債権者は無限責任社員に対し、なおも債務の履行を求めることができます。

　したがって、合名会社及び合資会社を法定清算の方法により清算する場合、官報公告及び個別催告といった債権者保護手続により債権者を保護する必要性が低いことから、債権者保護手続を要することなく清算手続を行うことができます。

2　合同会社における債権者保護手続

　合同会社の場合、社員は、有限責任社員によってのみ構成されます（会社576④）。

　そのため、合同会社の場合、当該会社が清算することになると、当該会社の債権者は、社員に対し債務の履行を求めることができません。

　したがって、合同会社を法定清算の方法により清算する場合、債権者保護手続が必要となります（会社660①）。

3　任意清算の場合

　合名会社及び合資会社の任意清算の場合、債権者は、財産の処分の方法について異議を述べることができ、当該異議を述べる前提として、官報公告及び個別催告といった債権者保護手続が必要となります（会社670①②）。

　これに対し、合同会社の場合には、法定清算しか行うことができず、任意清算を行うことはできません。

4　結　論

　A社は、合資会社ですので、法定清算の方法により清算する場合には、官報公告及び個別催告といった債権者保護手続は必要ありませんが、任意清算の方法により清算する場合には、債権者に財産の処分の方法について異議を述べる機会を与える必要がありますので、官報公告及び個別催告といった債権者保護手続が必要となります。

【59】　合同会社でも任意清算できる！？

　合同会社Ａ（以下「Ａ社」という。）は、清算人選任の登記費用を節約できること、債権者保護手続の期間を短縮できること、残余財産の処分の方法を自由に決定できることといったメリットがあることから、任意清算の方法により清算する意向である。

　Ａ社は、任意清算の方法により清算することはできるか。

POINT	・会社を清算する方法として、定款又は総社員の同意により財産の処分の方法を定める任意清算という方法がある ・残余財産の処分の方法を任意に決定することによって会社債権者が害されることとなるため、任意清算をすることができるのは、無限責任社員が存在する合名会社及び合資会社に限られる ・任意清算は、定款又は総社員の同意という会社の自主的な判断により財産の処分の方法を定めるものであるため、任意清算によることができる解散原因も自主的な解散原因に限られる

誤認例	持分会社であれば、任意清算の方法により会社を清算することができる。

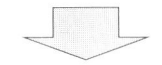

本当は	任意清算を行うことができるのは、合名会社及び合資会社に限られる。

解　説

1　法定清算と任意清算

　会社の清算の方法としては、会社法に定める清算方法により清算を行う法定清算と、定款又は総社員の同意により財産の処分の方法を定める任意清算（会社668以下）があります。

　任意清算の場合、①残余財産の処分の方法を定款又は総社員の同意によって、任意に決定できること（会社668①）（法定清算の場合には、残余財産の割当ては原則として出資比率に応じて行われます（会社504③・666）。）、②清算人の選任は不要であること（任意清算の場合、会社法477条1項・646条に相当する規定がありません。）、③債権者保護手続の公告・催告期間が1か月であること（会社670②ただし書）（法定清算の場合の公告・催告期間は2か月です（会社499①ただし書・660①ただし書）。）といった特徴があります。

2　任意清算が可能な会社

　任意清算は、残余財産の処分の方法を定款又は総社員の同意で任意に決定することができますが、それにより、会社債権者の権利を害するおそれがあります。

　したがって、任意清算の方法により会社を清算することができるのは、任意に会社財産の処分の方法が決定されたとしても、なおも無限責任社員に対し債務の履行を求めることが可能な場合、すなわち、社員の中に無限責任社員が存在する合名会社及び合資会社に限られます（会社668①括弧書）。これに対し、株主及び合同会社の社員には有限責任しか認められていないことから、株式会社及び合同会社について任意清算を行うことはできません。

3　任意清算が可能な解散原因

　前記のとおり、任意清算は、定款又は総社員の同意という会社の自主的な判断により財産の処分の方法を定めることになります。

　したがって、任意清算が可能な解散原因も、自主的な解散原因である①定款で定めた存続期間の満了、②定款で定めた解散事由の発生、③総社員の同意に限られます（会社668①・641一〜三）。

4　結　論

　A社は合同会社であり、その社員は有限責任社員によってのみ構成され、無限責任社員が存在しないことから、任意清算を行うことはできません。

第8　弁護士法人、司法書士法人、税理士法人

【60】　弁護士法人、司法書士法人、税理士法人の清算手続においては、必ず清算人を置かなければならない！？

　弁護士Xは、弁護士法人A（以下「A法人」という。）の代表社員であったが、他の社員弁護士と協議した上で、A法人を解散し、清算することとした。A法人の清算手続においては、必ず清算人を置かなければならないか。

POINT

- ・弁護士法人、司法書士法人、税理士法人の清算の方法には、法定清算と任意清算がある
- ・任意清算をする場合には、法定清算の規定は適用されないため、清算人は置かれず、代表社員が引き続き清算手続を進めることになる

誤認例	弁護士法人、司法書士法人、税理士法人の清算手続においては、必ず清算人を置かなければならない。

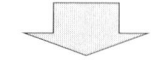

本当は	弁護士法人、司法書士法人、税理士法人の清算手続において、任意清算をする場合には、清算人は置かれず、各法人を代表する社員が引き続き清算手続を進めることになる。

解　　説

1　解散事由

（1）　弁護士法人の解散事由

弁護士法人の解散事由は、①定款に定める理由の発生（弁護士30の23①一）、②総社員の同意（弁護士30の23①二）、③他の弁護士法人との合併（弁護士30の23①三）、④破産手続開始の決定（弁護士30の23①四）、⑤解散を命ずる裁判（弁護士30の23①五）、⑥所属弁護士会又は日本弁護士連合会の懲戒による除名（弁護士30の23①六）、⑦社員の欠亡（弁護士30の23①七）です。

（2）　司法書士法人の解散事由

司法書士法人の解散事由は、①定款に定める理由の発生（司書44①一）、②総社員の同意（司書44①二）、③他の司法書士法人との合併（司書44①三）、④破産手続開始の決定（司書44①四）、⑤解散を命ずる裁判（司書44①五）、⑥法務大臣による解散の処分（司書44①六）、⑦社員の欠亡（司書44①七）です。

（3）　税理士法人の解散事由

税理士法人の解散事由は、①定款に定める理由の発生（税理士48の18①一）、②総社員の同意（税理士48の18①二）、③他の税理士法人との合併（税理士48の18①三）、④破産手続開始の決定（税理士48の18①四）、⑤解散を命ずる裁判（税理士48の18①五）、⑥財務大臣による解散の命令（税理士48の18①六）、⑦社員が1人になり、そのなった日から引き続き6か月間その社員が2人以上にならなかった場合（税理士48の18②）です。

2　法定清算と任意清算

弁護士法人、司法書士法人、税理士法人（以下「弁護士法人等」といいます。）は、前記1（1）①及び②、前記1（2）①及び②、前記1（3）

①及び②の事由により解散した場合には、定款又は総社員の同意によって、弁護士法人等の財産の処分の方法を定めることができます（弁護士30の30②、司書46③、税理士48の21②、会社668以下）。これを任意清算といいます。弁護士法人等の任意清算は、持分会社のうち、合名会社及び合資会社の任意清算と同様です（【59】参照）。

　前記1（1）①及び②、前記1（2）①及び②、前記1（3）①及び②の事由により解散した場合のうち、弁護士法人等の財産の処分の方法を定めていない場合、並びに、前記1（1）⑤〜⑦、前記1（2）⑤〜⑦、前記1（3）⑤〜⑦の事由により解散した場合の清算手続を法定清算といいます。

3　清算人の要否

　弁護士法人等の任意清算の場合には、法定清算の規定は適用されません（弁護士30の30②、司書46③、税理士48の21②、会社668②）。このため、弁護士法人等の任意清算の場合には、清算人が置かれることはありません。

　したがって、弁護士法人等の任意清算の場合には、弁護士法人等を代表する社員が引き続き清算手続を進めていくことになります。

4　結　論

　A法人が任意清算の方法を選択した場合には、清算人が置かれることはなく、Xが代表社員として引き続き清算手続を進めることになります。一方で、A法人が法定清算の方法を選択した場合には、Xが清算人に就任して清算手続を進めることが多いと思われます。

【61】　懲戒手続に付されていても清算を結了させることはできる！？

司法書士Xは、司法書士法人A（以下「A法人」という。）の代表社員であるところ、この度A法人が法務大臣から業務停止処分を受けた。このため、Xは、A法人を清算し、自ら個人で司法書士事務所を開設したいと考えている。

Xは、A法人の清算を結了させることはできるか。

POINT	・懲戒手続に付されている弁護士法人、司法書士法人、税理士法人は、懲戒手続が結了するまでは清算を結了させることはできない
	・懲戒手続に付されている弁護士法人、司法書士法人、税理士法人の清算結了の登記の申請が受理されたとしても、日本弁護士連合会、日本司法書士会連合会、日本税理士会連合会における清算結了の届出が受理されないことになり、清算を結了させることはできない

誤認例	懲戒手続に付されていても清算を結了させることはできる。

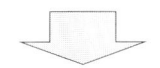

本当は	懲戒手続に付された弁護士法人、司法書士法人、税理士法人の清算結了の登記の申請が受理されたとしても、日本弁護士連合会、日本司法書士会連合会、日本税理士会連合会において清算結了の届出が受理されないため、弁

護士法人、司法書士法人、税理士法人の清算を結了させ
ることはできない。

解　説

1　懲戒手続と清算手続との関係

　「懲戒の手続に付された弁護士法人は、清算が結了した後において
も、この章の規定の適用については、懲戒の手続が結了するまで、な
お存続するものとみなす」（弁護士62⑤）と規定され、懲戒「処分の手続
に付された司法書士法人は、清算が結了した後においても、この章の
規定の適用については、当該手続が結了するまで、なお存続するもの
とみなす」（司書48②）と規定されています。税理士法人にも同様の規
定があります（税理士48の20③）。

　したがって、懲戒手続に付されている弁護士法人、司法書士法人、
税理士法人（以下「弁護士法人等」といいます。）は、懲戒手続が結了
するまでは清算を結了させることはできないことになります。

2　懲戒手続と清算結了の登記

　清算が結了した場合、「清算が結了したことを証する書面」（組登令23）
を添付して清算結了の登記を申請することになります。しかし、この
「清算が結了したことを証する書面」には、「懲戒（処分）の手続に付
されていないことの証明書」は含まれず、当該証明書は清算結了の登
記の申請に際して添付書類とはされていません。このため、懲戒手続
に付されていても、登記申請自体は行うことができ、清算結了の登記
も完了してしまうことになります。

　したがって、弁護士法人等が懲戒手続に付されていた場合であって
も、清算結了の登記を申請すれば受理されてしまうものと思われます。

3　弁護士法人等の清算が結了した旨の届出

　弁護士法人等の清算が結了した際には、弁護士法人等は、それぞれ主たる事務所の所在する地域において所属する弁護士会、司法書士会、税理士会を経て、日本弁護士連合会、日本司法書士会連合会、日本税理士会連合会の各団体に、登記事項証明書を添付して清算が結了した旨を届け出ることになります（弁護士30の26②、弁護士法人規程10・11、司書58③、日本司法書士会連合会会則60、税理士48の18の3、税理士法人届出事務取扱規程17）。

　弁護士法人等が懲戒手続に付されている場合には、清算が結了した旨を届け出たとしても、前記の規定からは、清算は結了せず、弁護士法人等は存続するものとみなされることになります。

　したがって、懲戒手続に付されている弁護士法人等が清算結了の登記をしたとしても、各団体における清算結了の届出が受理されないことになります。

4　結　論

　A法人は清算結了の登記をすることができたとしても、日本司法書士会連合会への届出の段階で懲戒手続が結了するまでは清算が結了していないものとみなされるため、清算結了の届出が受理されることはありません。

　したがって、Xは、A法人の清算を結了させることはできません。

　なお、A法人が懲戒手続に付されている場合には、その代表社員であるXも懲戒手続に付されていることが多いと思われますが、万が一、Xが懲戒手続に付されていない場合には、Xが個人で司法書士事務所を開設することは妨げられないものと思われます。

【62】　税理士法人は社員が1人になったら解散することになる！？

　税理士法人A（以下「A法人」という。）は、税理士Xが代表社員、税理士Yが社員をしていたが、XとYの経営方針の相違から、YがA法人の社員を脱退することになった。A法人は、社員がXのみになったため、解散することになるか。

<table>
<tr><td>POINT</td><td>・弁護士法人や司法書士法人は、社員が1人になったとしても解散することにはならない
・税理士法人は、社員が1人になり、そのなった日から引き続き6か月間その社員が2人以上にならなかった場合、その6か月を経過した時に解散することになる</td></tr>
</table>

<table>
<tr><td>誤認例</td><td>弁護士法人、司法書士法人、税理士法人ともに社員が1人になった場合には解散することになる。</td></tr>
</table>

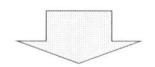

<table>
<tr><td>本当は</td><td>弁護士法人や司法書士法人は、社員が1人になった場合でも解散することにはならないが、税理士法人においては、社員が1人になり、そのなった日から引き続き6か月間その社員が2人以上にならなかった場合、その6か月を経過した時に解散することになる。</td></tr>
</table>

解　説

1　解散事由

　弁護士法人、司法書士法人、税理士法人の解散事由は、【60】に記載したとおりです。

　弁護士法人や司法書士法人においては、社員の欠亡は解散事由にされていますが（弁護士30の23①七、司書44①七）、社員が1人になったことは解散事由にされていません。

　しかし、税理士法人においては、社員が1人になり、そのなった日から引き続き6か月間その社員が2人以上にならなかった場合、その6か月を経過した時に解散するとされています（税理士48の18②）。

　なお、税理士法人では、社員が欠亡した場合であっても、それ自体は解散事由にされていませんが、税理士法人が持分会社の性質を有することに鑑みれば社員の欠亡により解散することになると思われます（会社641四参照）。

　このことから、税理士法人についてのみ、社員が最低2人以上いなければならないことになります。

2　税理士法人の特殊性

　税理士法人は、税理士業務を組織的に行うことを目的として、税理士が「共同して」設立した法人のことをいいます（税理士48の2）。また、税理士法人は設立の際に、「共同して定款を定めなければならない」（税理士48の8①）とされていることからも、社員1人での税理士法人の設立は認められていません。

　一方で、弁護士法人や司法書士法人にはそのような規定はありませんので（弁護士30の2、司書26参照）、これらの法人では、社員1人での法人の設立が認められています。

3　結　論

　A法人は、Yの脱退により社員がXのみになっていることから、社員がXのみになった日から引き続き6か月間で社員が2人以上にならなければ、その6か月を経過した時に解散することになります。

事項索引

事 項 索 引

実務家が陥りやすい
株式会社・各種法人別　清算手続の落とし穴

令和6年11月26日　初版発行

編集代表　尾　島　史　賢
発　行　者　河　合　誠　一　郎

発　行　所　新日本法規出版株式会社

本　　　社
総　轄　本　部　（460-8455）　名古屋市中区栄1－23－20

東　京　本　社　（162-8407）　東京都新宿区市谷砂土原町2－6

支社・営業所　札幌・仙台・関東・東京・名古屋・大阪・高松
　　　　　　　広島・福岡

ホ ー ム ペ ー ジ　https://www.sn-hoki.co.jp/

【お問い合わせ窓口】
新日本法規出版コンタクトセンター
📞 0120-089-339（通話料無料）
●受付時間／9：00〜16：30（土日・祝日を除く）

株式会社・各種法人別 清算手続と書式

編集代表 尾島 史賢
（弁護士・関西大学大学院法務研究科教授）

清算業務を迅速・適切に 遂行するために！

2022年1月発行
B5判・総頁384頁
定価5,500円（本体5,000円）送料460円
【電子版】定価4,950円（本体4,500円）

詳細はコチラ！

株式会社・各種法人別 清算手続マニュアル
―手続の選択から業種別の注意点まで―

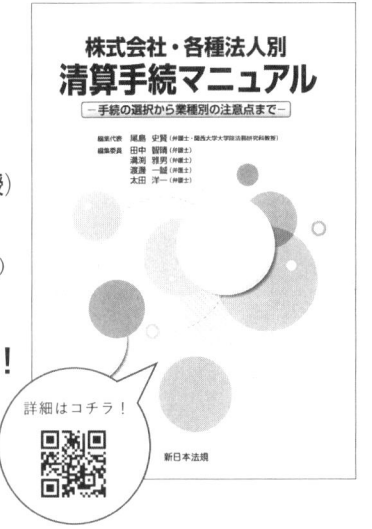

編集代表 尾島 史賢
（弁護士・関西大学大学院法務研究科教授）

編集委員 田中智晴・溝渕雅男・
渡邊一誠・太田洋一（各弁護士）

会社、法人の特性に応じた 迅速・的確な清算業務をサポート！

2019年3月発行
B5判・総頁298頁
定価4,400円（本体4,000円）送料460円
【電子版】定価3,520円（本体3,200円）

詳細はコチラ！